Python utile

Par Julien FAUJANET

Table des matières

Table des matières

Introduction

Ce livre s'adresse aux personnes qui ont déjà les bases en Python (Version 3) et qui veulent les approfondir ou plus précisément qui veulent apprendre des fonctionnalités avancés du langage comme : les Décorateurs (Decorators) les opérations sur les bits, les Builtins, les opérations avancées sur les fichiers, créer des bots et bien d'autres choses.

Nous verrons donc les décorateurs en commençant par en voir quelques-uns de ceux intégrés à Python, puis nous verrons comment créer les notres. Vous verrez qu'ils pourront vous être très utiles.

Puis nous verrons les produits cartésiens qui ne sont en fait que la combinaison de plusieurs listes ensemble. Attention il ne s'agit pas de concaténation, mais plutôt d'établir toutes les combinaisons possibles avec les éléments de chaque liste.

Les modules sont incontournables en Python. Nous verrons comment créer les notres, ce qui nous fera gagner du temps pour nos programmes en améliorant Python en quelques sortes.

Les Builtins sont les fonctions natives de Python qui comprennent aussi celles commençant et terminant par un double underscore que l'on met dans une classe et vous verrez que nous pouvons faire des choses sympa avec.

Les Bitwises ou, opérations sur les bits sont donc comme leur nom l'indique, des opérations que l'ont réalise sur des bits. Très utilisés en informatique et électronque, vous verrez que vous aussi vous en aurez besoin.

Les fichiers ou, opérations sur les fichiers que nous verrons ici nous permettront d'avoir nos propres types de fichiers, d'enregistrer directement le résultat d'un print à l'intérieur etc...

Dans la partie PyAutoGUI, nous verrons comment créer des bots directement depuis Python. En faisant en sorte d'automatiser des clics ou des touches tappées au clavier.

Ensuite nous attaquerons avec un TP qui consistera à créer un mini programme qui vous permettra de gagner aux paris sportifs en vous demandant de choisir 2 à 3 matches et plusieurs scores dans chacun des matches, le programme vous établira la liste de tous les tickets à jouer pour gagner.

Tout un programme. Il ne me reste plus qu'à vous souhaiter une bonne lecture.

1. Les Décorateurs

Les décorateurs déjà présents dans Python :

Nous allons voir quelques-uns des décorateurs déjà présents dans Python et comment les utiliser.

Créer un décorateur :

Nous allons créer nos propres décorateurs dans ce chapitre et expliquer leurs fonctionnements.

1.2 Introduction

Un décorateur est une fonction qui modifie une fonction (ou une classe) qu'il prend en argument. Il peut même décider s'il exécute la fonction ou pas. Un décorateur peut se placer de deux manières sur une fonction (ou une classe). Soit vous écrivez :

votre_fonction = votre_decorateur(votre_fonction)

Remplacez votre_fonction par le nom de votre fonction et votre_decorateur par le nom du décorateur.

Ou alors :

```
@votre_decorateur
def votre_fonction() :
        ''' Code de la fonction ici'''
```

1.3 Les décorateurs déjà présents dans Python

Voyons maintenant quelques décorateurs présents dans Python.

1.3.4 @staticmethod

Le décorateur staticmethod permet de rendre une méthode de classe statique, il vous suffit de mettre @staticmethod au dessus de la définition de votre méthode et vous n'aurez plus besoin de créer une instance de votre classe pour apeller la méthode. Voici un exemple :

```python
class MaClass :

@staticmethod
def  Start() :
        print(« Start »)
```

Vous n'aurez plus besoin de faire :

```python
MonObject = MaClass()
MonObjet.Start()
```

Mais :

```python
MaClasse.Start()
```

Le décorateur property permet de définir les getters et setters d'une classe. Prenons pour exemple la classe suivante :

```
class MaClass :
    def __init__(self) :
        self._x = None
```

Pour définir les getters et setters de _x avec le décorateur @property nous écrirons ceci :

```
class MaClass :
    def __init__(self) :
        self._x = None

    @property
    def x(self) :
        return self._x

    @x.setter
    def x(self, value) :
        self._x = value
```

En écrivant @property nous définissons son getter se qui nous permet de définir le setter avec la propriété **@.+ nom du getter + . (point) + mot clé setter**

1.3.6 @lru_cache

Avant de vous expliquer le fonctionement du décorateur lru_cache laissez-moi vous montrer d'abord pourquoi nous devons l'utiliser.

La fonction suivante récupère les numéros de la suite de fibonacci. Les numéros de la suite de fibonacci se trouvent en commençant la suite avec 1, 1 et ensuite pour avoir les suivants il faut additionner les deux précédents. Exemple :

1, 1 (le suivant sera 1+1) donc 2. Ce qui nous donne :
1, 1, 2 (le suivant sera 1+2) donc 3. La suite devient :
1, 1, 2, 3. Puis ensuite :
1, 1, 2, 3, 5
1, 1, 2, 3, 5, 8
1, 1, 2, 3, 5, 8, 13,
1, 1, 2, 3, 5, 8, 13, 21
1, 1, 2, 3, 5, 8, 13, 21, 34
1, 1, 2, 3, 5, 8, 13, 21, 34, 55
1, 1, 2, 3, 5, 8, 13, 21, 34, 55, 89
1, 1, 2, 3, 5, 8, 13, 21, 34, 55, 89, 144
1, 1, 2, 3, 5, 8, 13, 21, 34, 55, 89, 144, 233
1, 1, 2, 3, 5, 8, 13, 21, 34, 55, 89, 144, 233, 377 etc...

Ce sera plus simple de le calculer avec la fonction suivante :

```
def fibonacci(n) :
    if n == 1 :
        return 1
    elif n == 2 :
        return 1
    elif n > 2 :
        return fibonacci(n-1) + fibonacci(n-2)
```

Ensuite pour la lancer nous faisons une boucle comme ceci :

```
for n in range(1,101) :
    print(n, ' :', fibonacci(n))
```

Nous obtenons les 100 premiers numéros de la suite, mais comme vous le voyez, c'est extrèmement long. Ce qui est normal vu qu'il y a récursivité de la fonction.

La récursivité est quand une fonction s'apelle elle-même et ici nous avons même une fonction qui s'apelle deux fois à chaque tour de boucle.

C'est pourquoi nous allons utiliser le décorateur @lru_cache qui va nous permettre de garder en mémoire les résultats précédents de la fonction fibonacci. En fait nous n'avons même pas besoin de savoir comment fonctionne ce décorateur puisqu'il fera le travail pour nous.

Pour cela nous devons l'importer depuis le module functools comme ceci :

from functools import lru_cache

Ensuite il ne nous reste plus qu'à mettre le décorateur au dessus de notre fonction fibonacci en lui donnant l'argument maxsize et en lui mettant comme valeur le nombre d'itérations qu'il doit garder en cache comme ceci :

```python
@lru_cache(maxsize=10000)
def fibonacci(n) :
    if n == 1 :
        return 1
    elif n == 2 :
        return 1
    elif n > 2 :
        return fibonacci(n-1) + fibonacci(n-2)
```

C'est tout. Relancez le code. Comme vous le voyez, ça va beaucoup plus vite.

Pour créer un décorateur c'est très simple il suffit de déclarer une fonction à l'intérieur de la fonction de votre décorateur. Je vous montre ça avec un exemple :

```
57  def Decorator(maFonc):
58      print("Avant Interieur")
59      def FonctionInterieur():
60          print("Dans Interieur")
61          return maFonc()+1
62      print("Avant Return Interieur")
63      return FonctionInterieur
64
```

Voici le décorateur sur la capture précédente, qui prend en argument la fonction qu'il décore (que je nomme ici : maFonc). J'ai mis quelques prints à l'intérieur pour que vous compreniez le fonctionement. Ensuite à la ligne 59 il y a la fonction intérieure.

Celle qui exécutera du code sur la fonction passée en argument. C'est à l'intérieur de celle-ci que je renvoie ma fonction initiale (celle passée en argument, ou celle qui sera décorée, appelez-là comme vous voulez). Je lui ajoute +1 pour montrer le résultat de cet exemple. (Voir plus bas). Et enfin, je renvoie la fonction intérieure (sans les parenthèses).

Maintenant, la fonction :

```
66      @Decorator
67      def MaFonction():
68          print("Ma Fonction")
69          return 2
70
```

Une simple fonction qui renvoie 2 avec le décorateur assigné au dessus de sa définition.
Voyons le résultat (Les captures suivantes) :

```
print(MaFonction())
```

D'abord, nous l'apellons et affichons son retour dans un print. Puis :

```
Avant Interieur
Avant Return Interieur
Dans Interieur
Ma Fonction
3
```

Vous voyez que le premier print du décorateur est d'abord apellé, puis ensuite, celui de la ligne 62 et comme en dessous nous retournons la fonction intérieure, c'est à ce moment-là que son print sera affiché, ensuite nous retournons notre fonction +1, donc elle est appellée et son print est affiché, puis sa valeur est retournée dans le print ou la fonction est utilisée.

Plutôt déroutant au début non ? Je vais vous montrer quelque chose de plus surprenant encore. Retirez le print qui appelle la fonction, d'ailleurs ne l'appellez plus du tout et relancez le code. Vous allez me dire que si l'on exécute rien, aucun retour ne sera affiché dans la console. Vous croyez ? Voici ce qui se passe avec le code suivant :

```
57    def Decorator(maFonc):
58        print("Avant Interieur")
59        def FonctionInterieur():
60            print("Dans Interieur")
61            return maFonc()+1
62        print("Avant Return Interieur")
63        return FonctionInterieur
64
65
66    @Decorator
67    def MaFonction():
68        print("Ma Fonction")
69        return 2
```

La vous vous dîtes que s'il n'y a que cela, rien ne sera exécuté donc rien ne s'affichera. Et pourtant quand on lance le code :

```
Avant Interieur
Avant Return Interieur
```

C'est logique, je vous avais dit au début que votre décorateur pouvait s'écrire aussi sous la forme :

votre_fonction = votre_decorateur(votre_fonction)

Il est donc normal que le code qui se trouve dans le décorateur soit exécuté.

1.4.2 Les fonctions avec paramètres

Passons à la gestion des paramètres de la fonction initiale. Nous allons créer un décorateur qui va doubler les valeurs des arguments passés à la fonction.

Je sais une fonction peut le faire, mais imaginez que vous aiyez plusieurs fonctions qui fassent des calculs et que pour une raison quelconque vous voudriez doubler toutes les valeurs de toutes les fonctions (ou autre chose, comme fixer une valeur MAX etc...).

Bien au lieu de recoder toutes les fonctions vous n'avez qu'à leur apposer le décorateur au dessus de leur définition et le tour est joué.

Voici le code :

```
56
57    def DecoratorQuiDouble(maFonc):
58        print("Avant Interieur")
59        def FonctionInterieur(*args):
60            print("Dans Interieur")
61            sommeDouble = [x*2 for x in args]
62            return maFonc(*sommeDouble)
63        print("Avant Return Interieur")
64        return FonctionInterieur
65
66
67    @DecoratorQuiDouble
68    def MaFonction(*args):
69        print("Ma Fonction")
70        return args
71
72
73    print(MaFonction(5, 6, 40, 42))
74
```

Il suffit de passer le paramètre *args pour spécifier que l'on a un nombre indéfini d'arguments à envoyer à notre fonction ligne 68 et on retourne args dans la fonction ligne 70.

Pour le décorateur c'est dans la fonction intérieure qu'il faut passer le paramètre *args (ligne 59) ensuite on fait les traitements que l'on veut dessus et on le passe en argument de notre fonction (ligne 62).

A la ligne 73 je fais un essai en envoyant quelques nombres
à ma fonction et j'obtiens le résultat de la capture suivante :

```
Avant Interieur
Avant Return Interieur
Dans Interieur
Ma Fonction
(10, 12, 80, 84)
```

Comme vous le voyez, les résultats sont doublés.

J'ai passé le mot-clé *args pour un nombre indéfinis
d'arguments mais j'aurais pu passer **kwargs pour les
arguments nommés ou même des arguments quelconques.

En ce qui concerne l'intérêt du décorateur de mon exemple,
gardez en tête que vous créerez des décorateurs beaucoup
plus utiles, comme le lru_cache du début du chapitre.

2. Produits cartésiens

Les produits Cartésiens dans une compréhension de listes :

Nous apprendrons à réaliser des produits cartésiens dans des compréhensions de listes. Nous verrons comment en faire avec deux listes (ensembles en mathématiques) trois listes et aussi une manière de faire avec un nombre non déterminé de listes.

Itertools :

Nous allons utiliser le module itertools pour gérer les produits carthésiens à plusieurs listes, mais aussi la gestion d'une base numérique personnalisée.

Exemples :

Je vous montrerai quelques exemples pratiques.

2.2 Les produits Cartésiens dans une compréhension de listes

2.2.1 Introduction aux produits cartésiens

Le produit cartésien de deux ensembles (que je nommerai parfois : listes) engendre les couples de toutes les combinaisons possibles. Prenons par exemple les ensembles :

(A,B,C) et (1,2,3)

Le produit cartésien de ces ensembles sera :

(A, 1), (A, 2), (A, 3), (B, 1), (B, 2), (B, 3), (C, 1), (C, 2), (C, 3)

Ce qui fait toutes les combinaisons possibles entre les deux ensembles.

Mais je nomme cela produit cartésiens, mais en réalité en Python nous allons le faire sur les listes aussi et dans un ensemble nous ne pouvons pas avoir deux fois la même valeur, alors que dans une liste oui.

Nous pouvons faire des produits cartésiens à 3 listes. Prenons un exemple sur le foot avec des listes (pas des ensembles) qui représentent chacune un match et qui contiennent les valeurs [1, N, 2].

1 étant la victoire de l'équipe qui reçoit, N le match nul et 2 la victoire de l'équipe visiteuse.

Nous aurons : Match 1 [1, N, 2], Match 2 [1, N, 2] , Match 3 [1, N, 2] et leur produit cartésiens sera :

1,1,1 / 1,1,N / 1,1,2 /
1,N,1 / 1,N,N / 1,N,2 /
1,2,1 / 1,2,N / 1,2,2 /

N,1,1 / N,1,N / N,1,2 /
N,N,1 / N,N,N / N,N,2 /
N,2,1 / N,2,N / N,2,2 /

2,1,1 / 2,1,N / 2,1,2 /
2,N,1 / 2,N,N / 2,N,2 /
2,2,1 / 2,2,N / 2,2,2 /

Ce qui nous fait toutes les combinaisons possibles. Comme vous le voyez, il vaut mieux avoir un algorithme qui fait ça pour nous. Nous éviterons ainsi de faire une erreur d'inattention et d'oublier un des termes. Surtout si on a plus de termes.

2.2.2 Mise en pratique

Mettons en pratique ce que nous venons de voir. Admettons que nous ayions deux listes :

A = [1,2,3]
B = [1,2,3]

Voici le code pour créer leur produit cartésien :

```
47    A = [1,2,3]
48    B = [1,2,3]
49
50    produit = [(a,b) for a in A for b in B]
51
52    print(produit)
53
```

Il suffit de faire une compréhension de listes et de récupérer les termes dans le tuple :
(a,b) en faisant une imbrication des deux boucles for :
for b in B est à l'intérieur de for a in A, ce qui veut dire qu'à chaque éléments de A toute la boucle for de B sera exécutée à nouveau.

Voici le résultat :

```
[(1, 1), (1, 2), (1, 3), (2, 1), (2, 2), (2, 3), (3, 1), (3, 2), (3, 3)]
```

Tous les termes sont là.

Maintenant reprenons notre exemple des matches un peu plus haut. Vous vous souvenez que c'était assez délicat de le faire à la main car nous pouvions oublier un terme ou en dupliquer un et qu'en plus de ça c'est assez long à faire celon le nombre de termes. Refaisons cet exemple avec les trois matches pour les valeurs 1, N et 2 :

Je nomme les matches A, B et C et je stoque les termes dans une variable que je nomme produit_matches. Regardez le code sur la capture suivante :

```
60    A = [1,"N",2]
61    B = [1,"N",2]
62    C = [1,"N",2]
63
64    produit_matches = [(a,b,c) for a in A for b in B for c in C]
65    print(produit_matches)
66
67
```

C'est exactement le même principe que dans l'exemple précédent sauf que nous rajoutons une liste, donc il y aura une imbrication de plus dans la compréhension de listes.

Regardez le résultat :

```
[(1, 1, 1), (1, 1, 'N'), (1, 1, 2), (1, 'N', 1), (1, 'N', 'N'), (1, 'N', 2), (1, 2, 1), (1,
```

Le résultat n'est pas visible en entier, je vais donc écrire mon code differement pour pouvoir l'afficher correctement. Regardez :

```
60    A = [1, "N", 2]
61    B = [1, "N", 2]
62    C = [1, "N", 2]
63
64    produit_matches = [(a,b,c) for a in A for b in B for c
65
66    for i,n in enumerate(produit_matches):
67        print(n)
68
```

Une simple boucle for (le enumerate n'est pas nécessaire, mais c'était pour sauter une ligne tout les trois termes, mais la capture aurait été trop longue).

Regardez le résultat :

```
(1, 1, 1)
(1, 1, 'N')
(1, 1, 2)
(1, 'N', 1)
(1, 'N', 'N')
(1, 'N', 2)
(1, 2, 1)
(1, 2, 'N')
(1, 2, 2)
('N', 1, 1)
('N', 1, 'N')
('N', 1, 2)
('N', 'N', 1)
('N', 'N', 'N')
('N', 'N', 2)
('N', 2, 1)
('N', 2, 'N')
('N', 2, 2)
(2, 1, 1)
(2, 1, 'N')
(2, 1, 2)
(2, 'N', 1)
(2, 'N', 'N')
(2, 'N', 2)
(2, 2, 1)
(2, 2, 'N')
(2, 2, 2)
```

Beaucoup plus rapide et précis que de le faire à la main n'est ce pas ?

Passons maintenant à itertools et spécialement sa classe product.

Pour utiliser la classe product du module itertools vous devez importer itertools, comme ceci :

from itertools import product

Nous allons faire un premier essai avec les listes [1,2,3] et [A,B,C]. Regardez le code :

```
19   from itertools import product
20   res = list(product([1,2,3], ["A", "B","C"]
21   print(res)
```

Résultat :

```
[(1, 'A'), (1, 'B'), (1, 'C'), (2, 'A'), (2, 'B'), (2, 'C'), (3, 'A'), (3, 'B'), (3, 'C')]
```

Nous utilisons la classe product en lui donnant deux listes (nous pouvons lui en donner plus) nous convertissons le résultat en liste et nous l'affichons. C'est aussi simple que cela. Mais allons plus loin tout de même.

```
19   from itertools import product
20   res = list(product([1,2], ["A","B"], ["a", "b"])
21   print(res)
22
```

Avec trois listes. Résultat :

```
[(1, 'A', 'a'), (1, 'A', 'b'), (1, 'B', 'a'), (1, 'B', 'b'), (2, 'A', 'a'), (2, 'A', 'b'), (2, 'B', 'a'), (2, 'B',
```

Désolé pour la taille de la capture. Maintenant nous allons voir que nous pouvons répéter les termes dans chacun d'entre eux avec l'argument nommé : repeat. Regardez le code suivant :

```
19   from itertools import product
20   res = list(product([1,2], ["A","B"], repeat=2)
21   print(res)
22
```

Résultat :

```
[(1, 'A', 1, 'A'), (1, 'A', 1, 'B'), (1, 'A', 2, 'A'), (1, 'A', 2, 'B'), (1, 'B', 1, '
```

Et là, votre première réaction sera : Ok, mais... A quoi ça sert ?

Bonne question. C'est là que je vous montre le prochain exemple pour vous convaincre de l'utilité de l'argument repeat :

```python
19   from itertools import product
20   res = list(product(range(2), repeat=8))
21
22   for n in res:
23       print(n)
```

Je crée une liste de deux valeurs en faisant : range(2) . Je vais donc générer la liste [0,1] au cas où vous ne l'auriez pas compris. Et je lui dis de le répéter huit fois à chaque fois.

Je suis sur qu'une bonne partie d'entre-vous vient de comprendre l'utilité sans voir le résultat.

Comme vous le voyez à la ligne 22 ,j'affiche les résultats à la ligne, ainsi vous les verrez mieux, même si une fois encore, je n'afficherai pas tous les termes.

Regardez le résultat :

```
(0, 0, 0, 0, 0, 0, 0, 0)
(0, 0, 0, 0, 0, 0, 0, 1)
(0, 0, 0, 0, 0, 0, 1, 0)
(0, 0, 0, 0, 0, 0, 1, 1)
(0, 0, 0, 0, 0, 1, 0, 0)
(0, 0, 0, 0, 0, 1, 0, 1)
(0, 0, 0, 0, 0, 1, 1, 0)
(0, 0, 0, 0, 0, 1, 1, 1)
(0, 0, 0, 0, 1, 0, 0, 0)
(0, 0, 0, 0, 1, 0, 0, 1)
(0, 0, 0, 0, 1, 0, 1, 0)
(0, 0, 0, 0, 1, 0, 1, 1)
(0, 0, 0, 0, 1, 1, 0, 0)
(0, 0, 0, 0, 1, 1, 0, 1)
(0, 0, 0, 0, 1, 1, 1, 0)
(0, 0, 0, 0, 1, 1, 1, 1)
(0, 0, 0, 1, 0, 0, 0, 0)
(0, 0, 0, 1, 0, 0, 0, 1)
(0, 0, 0, 1, 0, 0, 1, 0)
(0, 0, 0, 1, 0, 0, 1, 1)
(0, 0, 0, 1, 0, 1, 0, 0)
(0, 0, 0, 1, 0, 1, 0, 1)
(0, 0, 0, 1, 0, 1, 1, 0)
(0, 0, 0, 1, 0, 1, 1, 1)
(0, 0, 0, 1, 1, 0, 0, 0)
(0, 0, 0, 1, 1, 0, 0, 1)
(0, 0, 0, 1, 1, 0, 1, 0)
(0, 0, 0, 1, 1, 0, 1, 1)
(0, 0, 0, 1, 1, 1, 0, 0)
(0, 0, 0, 1, 1, 1, 0, 1)
(0, 0, 0, 1, 1, 1, 1, 0)
(0, 0, 0, 1, 1, 1, 1, 1)
(0, 0, 1, 0, 0, 0, 0, 0)
(0, 0, 1, 0, 0, 0, 0, 1)
(0, 0, 1, 0, 0, 0, 1, 0)
(0, 0, 1, 0, 0, 0, 1, 1)
(0, 0, 1, 0, 0, 1, 0, 0)
(0, 0, 1, 0, 0, 1, 0, 1)
(0, 0, 1, 0, 0, 1, 1, 0)
(0, 0, 1, 0, 0, 1, 1, 1)
(0, 0, 1, 0, 1, 0, 0, 0)
(0, 0, 1, 0, 1, 0, 0, 1)
```

Super, on a créé le binaire. Voyons maintenant quelques exemples concrets.

C'est parti pour quelques exemples concrets :

2.4.1 Hexadécimal

L'hexadécimal est un système numérique en informatique, qui comprend 16 unités allant de 0 à 9 et de A à F. Il est utilisé pour calculer les adresses mémoires ou pour définir les couleurs en les groupant par 2 pour chaque canal, en le précédent d'un symbole dièze. Comme ceci :

#00FF00

Ce qui signifie ici : 0 pour le rouge FF pour le vert et 0 pour le bleu.

Et donc vous aurez compris que FF vaut 256 étant donné que c'est la dernière valeur dans le produit cartésien des unités hexadécimales (16 unités x 16 unités) 16x16=256.

```
19    from itertools import product
20    Hexa_liste = [0,1,2,3,4,5,6,7,8,9,'A','B','C','D','E','F']
21    res = list(product(Hexa_liste, repeat=2))
22
23    for n in res:
24        print(n)
```

Je crée la liste des valeurs Hexadécimales et je les stoque dans une liste que j'envoie dans product en lui donnant 2 comme argument repeat :

```
(0, 0)
(0, 1)
(0, 2)
(0, 3)
(0, 4)
(0, 5)
(0, 6)
(0, 7)
(0, 8)
(0, 9)
(0, 'A')
(0, 'B')
(0, 'C')
(0, 'D')
(0, 'E')
(0, 'F')
(1, 0)
(1, 1)
(1, 2)
(1, 3)
(1, 4)
(1, 5)
(1, 6)
(1, 7)
(1, 8)
(1, 9)
(1, 'A')
(1, 'B')
(1, 'C')
(1, 'D')
(1, 'E')
(1, 'F')
(2, 0)
```

Vous allez me dire : OK, ça marche mais ça n'est pas très présentable comme ceci.
Nous allons donc le formater un peu.

Reprenons notre code précédent et concentrons nous sur les lignes 24 à 28 (le reste ne change pas) :

```
19  from itertools import product
20  Hexa_liste = [0,1,2,3,4,5,6,7,8,9,'A','B','C','D','E','F']
21  res = list(product(Hexa_liste, repeat=2))
22
23
24  for n in res:
25      s = ""
26      for e in n:
27          s+=str(e)
28      print(s)
```

Le changement se situe dans la boucle for : Pour chaque élément au début de la boucle je crée une variable S qui est vide, puis j'imbrique une autre boucle for qui va parcourir chaque élément pour chaque terme et à chaque fois le concaténer à la variable.

Pour faire simple je transforme les termes entre parenthèses en une chaine de caratères. Regardez :

```
00
01
02
03
04
05
06
07
08
09
0A
0B
0C
0D
0E
0F
10
11
12
13
14
15
16
17
18
19
1A
1B
1C
1D
1E
1F
20
```

C'est mieux n'est ce pas ?
Mais nous pouvons encore l'améliorer.

Maintenant nous allons les aligner 6 par 6 (comme pour les couleurs) et nous allons faire précéder chaque terme du symbole dièze.

```
19    from itertools import product
20    Hexa_liste = [0,1,2,3,4,5,6,7,8,9,'A','B','C','D','E','F']
21    res = list(product(Hexa_liste, repeat=6))
22
23
24    for n in res:
25        s = "#"
26        for e in n:
27            s+=str(e)
28        print(s)
```

Pour ce qui est des changements : à la ligne 21 j'ai mis 6 en argument repeat et à la ligne 25 j'ai initialisé la variable S avec un dièze. Ce qui nous donne les résultats suivants :

Une fois encore je ne vous mets pas tous les termes dans la capture, il y en a autant que de nombre de couleurs dans votre logiciel de retouche favoris (je ne compte pas le canal alpha) 256x256x256, soit plus de 16 millions.

```
#3CDB20
#3CDB21
#3CDB22
#3CDB23
#3CDB24
#3CDB25
#3CDB26
#3CDB27
#3CDB28
#3CDB29
#3CDB2A
#3CDB2B
#3CDB2C
#3CDB2D
#3CDB2E
#3CDB2F
#3CDB30
#3CDB31
#3CDB32
#3CDB33
#3CDB34
#3CDB35
#3CDB36
#3CDB37
#3CDB38
#3CDB39
#3CDB3A
#3CDB3B
```

Voilà notre hexadécimal. Si vous l'avez testé vous avez vu que c'est assez long de le générer.

3. Modules

Les Modules Python :

Nous allons voir quelques modules Python qui pourraient vous servir.

Créer un module :

Nous créerons dans ce paragraphe notre propre module Python (Pour notre usage personnel).

Création de modules : les packages:

Nous verrons la création de packages.

3.2.1 Introduction :

Dans ce chapitre nous allons parler des modules mais avant cela il faut que vous sachiez que j'utiliserai (dans cette section) le terme module pour regrouper les termes à la fois de module et de packages. Un module ne contient qu'un seul fichier et un package regroupe plusieurs modules qui ont un lien entre eux (bien que le fait qu'ils aient un lien entre eux ne soit pas une obligation).

Un pacakage permet aussi de regrouper plusieurs packages. On appelle parfois aussi les packages des bibliothèques (ou library en Anglais).

Pour importer un module nous ferons :

import nom_du_module

Puis pour importer un package nous ferons soit la même chose soit :

from nom_du_package import module

Il y a bien sur d'autres choses à savoir mais nous ne pourrons pas tout voir et particulièrement, comment publier un module ou package. Vous devrez vous contenter de les créer pour votre usage personnel (ou de faire quelques recherches pour savoir comment les partager).

3.2.2 Request :

Le module Request permet de gérer les...requêtes http ce qui vous permettra de vous authentifier sur un site, poster (POST) un formulaire, récupérer (GET) des données. Mais il permet aussi de gérer les requetes : PUT, DELETE, HEAD et OPTIONS.

Il peut gérer aussi les réponses en JSON, binaire, il peut accéder aux Cookies et il a aussi un sous module qui gère Le Graph API de facebook.

Si vous êtes intéréssé par la gestion des réseaux sociaux en Python j'ai aussi écrit un livre sur l'API Twitter (voir dans le chapitre Bibliographie).

3.2.3 Pillow :

Pillow est un module de gestion d'images dont je me sers régulièrement. Il permet nottement de redimensionner des images, de les cropper, de leurs ajouter des filtres, de créer ses propres filtres, de coller une ou d'autres images par dessus l'image initiale, mais aussi de combiner deux images, de récupérer séparément les canaux rouge, vert et bleu et alpha (canal de transparence) de chaque image ce qui permet par exemple de créer une image avec le canal rouge de la première et les canaux vert et bleu de la seconde (ce qui donne un effet de fantôme sur la photo) ou même d'inverser les canaux d'une photo.

Personnelement je m'en sers pour des choses bien plus puissantes que ça puisque je m'en sers pour dissimuler du texte dans des images. (J'ai même écrit un livre là dessus) Vous pouvez cacher l'équivalent de plusieurs romans dans une image.

3.2.4 BeautifulSoup :

BeautifulSoup est un module qui vous permettra de récupérer du contenu d'un site web avec une gestion avancée des balises. Vous pourrez par exemple : récupérer tous les lien de telle ou telle page, ou alors récupérer toutes les images du site et les enregistrer sur votre ordinateur. Ou récupérer tous les paragraphes du site qui contiennent tel ou tel mot.

3.2.5 Matplotlib :

Matplotlib va vous permettre de faire des graphiques, des historigrammes, des spectres de puissance, des graphiques à barres, des diagrammes d'erreurs, avec très peu de ligne de codes.

Voici un aperçu de ce que je fais avec (je calcule des stats sur les numéros de lotteries) :

Figure 2

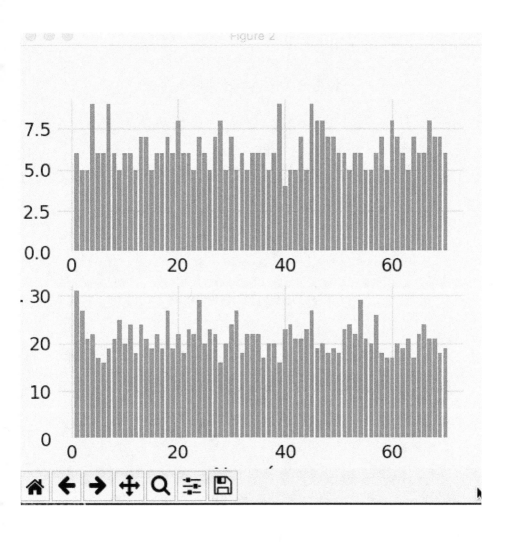

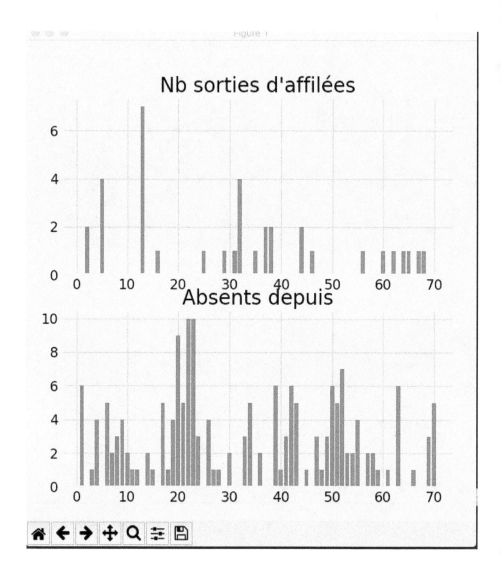

Mais vous pouvez faire des choses plus intéressantes encore. Le module vous permet de générer des graphiques en 3D.

3.2.6 Pygame :

PyGame est une librairie Python pour faire des jeux vidéos en 2D de manière assez simple et rapide (J'ai écrit un livre dessus voir dans la bibliographie à la fin du livre).
Je m'en sers aussi pour créer mes propres animaux virtuels (style tamago***) J'étais juste curieux de savoir si je pouvais y arriver.

3.2.7 PyAutoGUI :

PyAutoGUI est un module d'automatisation, qui permet de controller la souris et le clavier, de manière extrèmement simple et puissante (sur ce module aussi j'ai écrit un livre) et d'ailleurs nous en parlerons plus bas. Grâce à ce module vous pourrez créer des bots et automatiser des taches du web comme : vous connecter à tel ou tel site, faire un cliqueur automatique, faire des captures d'écrans de la zone de votre choix et même après une certaine condition défini à l'avance comme par exemple : si la personne à cette adresse a publiée quelque chose, fais-moi une capture et enregistre-la moi.

3.3 Créer un module

3.3.1 Création d'un module simple :

Nous allons créer un module simple juste pour que vous compreniez puis par la suite ce sera à vous de créer vos modules d'après vos besoins. Je commence donc par créer un fichier en Python que je nomme du nom que je veux donner à mon module « MesMaths.py ». Ensuite j'y ajoute le code suivant :

```python
import math


def addition(n,p):
    return n+p

def soustraction(n,p):
    return n-p

def multiplication(n,p):
    return n*p

def division(n,p):
    return n/p
```

Comme vous le voyez, il est assez simple. J'importe le module math (qui n'est pas utilisé ici) puis je crée quatre fonctions que je nomme addition, qui additionnera les deux nombres passés en argument, une autre que je nomme soustraction qui soustraira les deux nombres passés en argument, pareil pour celle nommée multiplication, qui multipliera les arguments et aussi division. Continuons :

Je vais maintenant créer un fichier qui me servira juste à tester mon module. Son nom n'a aucune importance, la seule chose à faire est d'importer mon module comme sur la capture suivante. Je fais ensuite un help sur le nom de mon module pour avoir des détails dans la console :

```
1    import MesMaths
2
3    help(MesMaths)
```

Le résultat du help sur la capture suivante :

```
Help on module MesMaths:

NAME
    MesMaths

FUNCTIONS
    addition(n, p)

    division(n, p)

    multiplication(n, p)

    soustraction(n, p)

FILE
    /Users/MacBook/Documents/Pro/Python/
```

La fonction help nous donne donc le nom du module (bon, ça, quand on fait un help, on le connait), mais aussi tous les noms des fonctions qu'il contient ainsi que le chemin ou il se situe.

Maintenant retournez dans votre module et tapez 3 fois les doubles guillemets et appuyez sur entrée (si vous êtes sur PyCharm vous devriez avoir une complétion du texte qui vous ajoute un template pour vos commentaires). Ajoutez les commentaires suivants dans la fonction addition (ou les commentaires de votre choix) :

```
def addition(n,p):
    """
    Pour additionner
    :param n: le 1er nombre
    :param p: le 2ème nombre
    :return: l'addition du 1er et 2ème nombre
    """
    return n+p
```

Retournons dans notre fichier test et tapons :

```
1    import MesMaths
2
3    help(MesMaths.addition)
```

Nous demandons d'afficher l'aide pour la fonction addition.
Voici le résultat :

```
Help on function addition in module MesMaths:

addition(n, p)
    Pour additionner
    :param n: le 1er nombre
    :param p: le 2ème nombre
    :return: l'addition du 1er et 2ème nombre
```

Plutôt pratique n'est ce pas ?

Assez rudimentaire pour le moment mais vous pouvez l'améliorer. Commencez déjà par mettre des commentaires sur toutes vos fonctions quand vous créez un module. Et donnez à vos fonctions des noms pertinants pour pouvoir vous y retrouver par la suite.

Nous allons maintenant passer au test de notre module.

3.3.2 Testons notre module :

Tapez le code suivant dans le fichier de test :

```
1    import MesMaths
2
3    resultat_add = MesMaths.addition(5,2)
4    print("Addition : ", resultat_add)
5
6    resultat_sous = MesMaths.soustraction(10,2
7    print("Soustraction : ", resultat_sous)
8
9    resultat_mult = MesMaths.multiplication(3,
10   print("Multiplication : ", resultat_mult)
11
12
13   resultat_div = MesMaths.division(6,2)
14   print("Division : ", resultat_div)
```

Résultat sans surprise :

```
Addition :  7
Soustraction :  8
Multiplication :  6
Division :  3.0
```

Mais c'est un peu lourd de devoir taper le nom du module à chaque fois. Voyons comment faire pour s'en passer.

C'est simple, au lieu de faire :

import nom_du_module

il faut faire :

```
1   from MesMaths import *
2
3   resultat_add = addition(5,2)
4   print("Addition : ", resultat_add)
5
6   resultat_sous = soustraction(10,2)
7   print("Soustraction : ", resultat_sous)
8
9   resultat_mult = multiplication(3,2)
10  print("Multiplication : ", resultat_mult)
11
12
13  resultat_div = division(6,2)
14  print("Division : ", resultat_div)
15
```

Vous pouvez retirer le nom du module devant chaque utilisation de fonctions.

Nous allons maintenant créer notre premier package. Si vous êtes sous PyCharm vous pouvez directement choisir de créer un package sinon créez simplement un dossier (je le nomme MesMathsLib, mais vous faîtes comme vous voulez) et à l'intérieur créez-y un fichier nommé __init__.py (Double underscore, init double underscore, point py) et Mettez dans ce dossier (ce package) notre module MesMaths que nous avons créé plus haut. Regardez la capture :

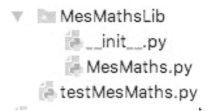

Puis dans le fichier init du package insérez l'instruction suivante :

```
1    print("Mon Super Package")
```

Dans notre fichier de test , je change la première ligne comme ceci :

```
1   from MesMathsLib.MesMaths import *
2
3   resultat_add = addition(5,2)
4   print("Addition : ", resultat_add)
5
6   resultat_sous = soustraction(10,2)
7   print("Soustraction : ", resultat_sous)
8
9   resultat_mult = multiplication(3,2)
10  print("Multiplication : ", resultat_mult)
11
12
13  resultat_div = division(6,2)
14  print("Division : ", resultat_div)
15
16
```

Et quand je lance le code :

```
Mon Super Package
Addition :  7
Soustraction :  8
Multiplication :  6
Division :  3.0
```

Il a inséré en premier l'instruction du fichier init du package. Maintenant dans le fichier init insérez la ligne suivante en haut du fichier :

```
1   from MesMathsLib.MesMaths import *
2   print("Mon Super Package")
```

Cela signifie que quand nous importerons le package, il importera le module MesMaths, nous n'aurons plus à le préciser.

Retournons dans notre fichier de test et changeons une nouvelle fois la première ligne pour n'importer que le package, sans préciser le nom du module.

Regardez :

```python
from MesMathsLib import *

resultat_add = addition(5,2)
print("Addition : ", resultat_add)

resultat_sous = soustraction(10,2)
print("Soustraction : ", resultat_sous)

resultat_mult = multiplication(3,2)
print("Multiplication : ", resultat_mult

resultat_div = division(6,2)
print("Division : ", resultat_div)
```

Le code reste le même, dorénavant l'importation du package pourra se faire comme ceci. Vous pouvez bien entendu rajouter des modules à votre package, il vous suffit de les insérer dans le dossier du package et soit de les importer dans le fichier init soit de les importer à l'utilisation du module.

En ce qui concerne les sous packages, c'est la même chose.
N'oubliez pas de créer leur fichier init.

Dans le prochain chapitre nous verrons les builtins, que ce
soit les fonctions natives ou les méthodes à double
underscore, c'est un gros chapitre alors soyez attentif.

4. Builtins

<u>Les fonctions natives :</u>

Les fonctions comme : help, print, input etc...

<u>Les méthodes à double underscores (magic methods) :</u>

Les méthodes comme : __init__, __str__, __add__, __sub__ etc...

Commençons par les fonctions natives. Je vais les regrouper par thème.

4.2.1 Maths :

abs : Elle renvoie la valeur absolue d'un nombre. Elle prend un nombre en argument et renvoie ce même nombre mais sans le signe moins. Par exemple si vous écrivez abs(-5) elle renverra 5. Si vous écrivez abs(5) elle renverra aussi 5.

min : Elle prend soit un type itérable (liste, tuple etc...) contenant des valeurs, soit plusieurs valeurs en arguments et renvoie le plus petit. Exemple min(2,3,4) renvoie 2. Vous pouvez aussi le faire avec un argument itérable : min([2,3,4]) renvoie aussi 2.

max : C'est la même que min mais elle renvoie la plus grande valeur.

pow : Elle calcule la puissance d'un nombre. Elle prend 2 arguments, le premier étant le nombre et le deuxième sa puissance et elle renvoie le résultat.

sum : Elle renvoie la somme des nombres passés en arguments.

round : Elle arrondi le nombre décimal que l'on lui envoie en argument. Exemple :
round(3.141617) renverra 3 sous forme de int. Mais vous pouvez lui donner un deuxième argument pour préciser à combien d'unités vous voulez arrondir. Exemple :
round(3.141617, 3) renverra 3.142 (Elle renvoie un 2 en troisième décimale parce que c'est un arrondi) et ici ce sera une valeur de type float.

4.2.2 Types :

int : Convertie le nombre qu'elle prend en argument en entier. Le deuxième argument qu'elle prend est un nombre qui correnspond à la base dans laquelle elle est mais si cette base est spécifiée, le nombre en premier argument doit être sous forme de chaine de caractères. Exemple :

int('11', base=16) renverra 17 car 11 en base 16 donne 17 mais :
int('11', base=2) renverra 3, car 11 en binaire correspond à 3.

str : Permet de convertir une valeur en chaine de caractères.

float : Permet de convertir une valeur numérique en float.

type : renvoie le type de la valeur passée en argument.

input : Permet de récupérer la valeur que l'utilisateur a entré au clavier.

print : Elle prend en argument, l'objet à afficher (du texte ou des valeurs), puis un argument nommé sep qui permet de définir un délimiteur entre les valeurs. Regardons quelques exemples :

```
17    mots = ["Julien", "Faujanet", "Livre", "Python"]
18    print("Voici les mots de ma liste", str(mots), sep=" -> ")
```

J'ai défini une flèche avec un tiret et un chevron en guise de séparateur. Résultat :

```
Voici les mots de ma liste -> ['Julien', 'Faujanet', 'Livre', 'Pytho
```

Un autre exemple :

```
17    mots = ["Julien", "Faujanet", "Livre", "Python"]
18    print("Voici les mots de ma liste", str(mots), sep=" -> ", end="
19    print("Voici les mots de ma liste", str(mots), sep=" -> ")
20
```

Cette fois-ci j'ai défini une valeur à l'argument end, qui permet de définir par quoi ce fini l'instruction. Ici je veux qu'à la fin du print il aille à la ligne et qu'il mette une tabulation. Résultat :

```
Voici les mots de ma liste -> ['Julien', 'Faujanet', 'Livre', 'Python']
    Voici les mots de ma liste -> ['Julien', 'Faujanet', 'Livre', 'Pyt
```

On a l'impression d'afficher du code Python avec ces tabulations.

L'argument nommé file permet de rediriger le flux. Vers un fichier par exemple.

len : retourne le nombre d'éléments dans le container que l'on envoit en argument.

4.3 Les méthodes commençant et terminant par un double underscore (magic methods)

Ici aussi je les regroupe par thème.

4.3.1 Les plus communes :

init : Le constructeur d'une classe, qui permet d'y créer ses attributs.

```
15      class Personne:
16
17          def __init__(self, prenom, nom):
18              self.prenom = prenom
19              self.nom = nom
```

Je le crée sur la capture suivante :

```
personne01 = Personne("Julien", "Faujanet")
```

str : Cette méthode renverra le résultat quand vous casterez votre objet en String ou que vous l'afficherez dans un print.

```
def __str__(self):
    return self.prenom + " " + self.nom
```

Quand vous affichez l'objet dans un print cela donne le résultat de la capture suivante :

```
Julien Faujanet
```

repr : Cette méthode formatera l'objet quand vous l'afficherez (utilisé pour le débugage. Si vous affichez l'objet dans un print et qu'il a déjà une méthode _str_ définie c'est cette dernière qui s'affichera.

```python
def __repr__(self):
    intro = "Objet de la classe Personne\n"
    prenom = "Prénom : "+self.prenom + "\n"
    nom = "Nom : "+self.nom
    return intro + prenom + nom
```

Quand je l'affiche (capture suivante) :

```
Objet de la classe Personne
Prénom : Julien
Nom : Faujanet
```

4.3.2 Maths :

Vous savez que quand vous additionnez deux nombres avec le signe + en Python ça vous donne la somme des deux nombres. Vous savez aussi que ce même signe + pour des chaines de caractères, ça les concatène.

Mais savez vous que vous pouvez programmer le comportement de ce signe + quand il est utilisé sur les objets des classes que vous créez ?

Ceci marche aussi pour les autres signes : -, *, /, % etc...

add :

Commençons par la méthode magique _add_ qui gère l'addition.

Dans l'exemple que va suivre, au lieu de créer quelque chose de banal je vais créer quelque chose qui va vous montrer toute la puissance des méthodes magiques en Python.

Imaginez notre classe Personne crééé plus haut, nous allons implémenter la méthode _add_ pour additionner deux personnes.

Je vais avoir besoin de gérer le genre de la personne H ou F et de créer une sous classe Bébé qui dira que si les deux personnes que l'on additionne sont de genre different alors la méthode retourne un bébé.

Je vais aussi gérer le fait que le nom de famille de la femme devienne le même que celui de l'homme. Regardons le code :

```
13      import random
14
15  ●  class Personne:
16
17  ●      def __init__(self, prenom, nom, genre='H'):
18              self.prenom = prenom
19              self.nom = nom
20              self.genre = genre
21
22
23
24          def __add__(self, other):
25              print("Union de deux personnes :")
26              if self.genre != other.genre:
27                  prenom_bebe = self.prenom + " Junior"
28
29                  if self.genre == "F":
30                      self.nom = other.nom
31                  else:
32                      other.nom = self.nom
33
34                  return Bebe(prenom_bebe, self.nom)
35
36  ●●      def __repr__(self):
37              intro = "Objet de la classe Personne\n"
38              prenom = "Prénom : "+self.prenom + "\n"
39              nom = "Nom : "+self.nom
40              return intro + prenom + nom+'\n\n\n'
41
42
```

J'importe random pour pouvoir gérer aléatoirement le sexe du bébé.

Dans la classe Personne j'ai rajouté le genre. Ce qui nous intéresse ici commence à la ligne 24, avec la méthode magique _add_, qui prend comme argument : other (forcement quand on additione on a besoin d'une deuxième valeur).

A la ligne 25 c'est juste un print que j'ai mis pour plus de précision. Ligne 26 je dis que si le genre de l'objet courant est different du genre avec lequel on fait l'addition alors on continue l'exécution du code (je n'ai pas ajouté de code au cas ou les personnes seraient du même sexe, mais libre à vous de le faire, vous n'avez qu'à créer la méthode adoption et optimiser le code).

Ligne 27 je crée le prenom du bébé en lui donnant le nom de la personne courante et en rajoutant junior à la fin. Notez que j'aurais du m'assurer que c'était bien le prénom du père que je donnais avant de faire ça mais vu que ça n'est pas du tout le sujet de ce chapitre je ne m'attarde pas dessus.

Ligne 29 je dis que si le genre de la personne courante est féminin alors elle prendra le nom de famille de l'autre, autrement c'est l'autre qui prendra son nom de famille.

Ligne 34, je retourne un objet de la classe Bebe que l'on va créer plus bas. En lui donnant son prénom et le nom du couple.

Ligne 36 c'est juste la méthode magique __repr__ (voir plus haut).

Suite du code :

```python
45    class Bebe(Personne):
46        def __init__(self, prenom, nom):
47            super().__init__(self, prenom, nom)
48            self.genre = random.choice(['H', 'F'])
49            self.prenom = prenom
50            self.nom = nom
51
52
53        def __repr__(self):
54            description01 = "Bebe : prenom : "+self.prenom
55            description02 = "\nNom : "+self.nom + "\nGenre : "+self.gen
56            return description01+description02+'\n\n\n'
57
58
```

Voici la classe Bebe qui hérite de la classe Personne. Je ne m'attarde pas dessus ça n'est pas du tout le sujet de ce chapitre.

Suite du code :

```
61    personne01 = Personne("Julien", "Faujanet", "H"
62    personne02 = Personne("Emilie", "Martin", "F")
63
64    print(personne01)
65
66    print(personne02)
67
68    bebe = personne01+personne02
69
70    print(personne02)
71    print(bebe)
```

Ici je crée deux personnes de ma classe Personne :
Julien Faujanet, Homme et Emilie Martin, Femme.

Je les affiche d'abord dans un print, puis ligne 68,
j'additionne enfin personne01 et personne02 et je renvoie
le retour dans la variable bebe.

Ligne 70 je refais un print sur personne02 (la femme), pour
vous montrer que son nom de famille a changé, et ligne 71
j'affiche bébé.

Notez que j'ai sauté la partie sur la génération aléatoire du sexe du bébé, comme je vous l'ai dit plus haut, mais c'est dans la classe Bebe que ça se joue.

Résultat :

```
Objet de la classe Personne
Prénom : Julien
Nom : Faujanet


Objet de la classe Personne
Prénom : Emilie
Nom : Martin


Union de deux personnes :
Objet de la classe Personne
Prénom : Emilie
Nom : Faujanet


Bebe : prenom : Julien Junior
Nom : Faujanet
Genre : F
```

Voilà, la personne02 porte à présent mon nom de famille et vu que son papa est un « programmeur fénéant » (pléonasme ?), mon bébé est une fille avec un prénom de garçon.

sub :

La méthode _sub_ marche exactement de la même manière que _add_ mais pour la soustraction.

mul :

La méthode _mul_ a le même principe mais pour la multiplication.

div :

La méthode _div_ est pour la division.

pow :

La méthode _pow_ est pour les puissances.

Il y a aussi les méthodes : (je retire leur double underscore pour les mentionner ici):

lshift, rshift, and, or, xor, mais pour les comprendre il faut avoir lu le chapitre suivant donc je n'en parlerai pas ici mais elles vous semblerons plus claires (et intéressantes) plus tard.

Il y a aussi les méthodes pour les comparaisons qui correspondent aux signes : >, <, >=, <=, ==, != :

lt : plus petite que,
le : plus petit ou égal,
eq : égal,
ne : different de,
gt : plus grand que,
ge : plus grand ou égal,

il y a les méthodes neg, pos, qui sont implémentées pour gérer les signes − ou + devant l'objet. Vous pouvez vous en servir par exemple pour dire que si l'objet personne a le signe moins devant (ça devient un bébé) ou que si sur une classe couleur que vous créez votre objet qui correspond à la couleur rouge a le signe moins devant elle devient du cyan. Bref à vous de voir.

Il y a aussi abs, qui retourne la valeur absolue et : invert, vous pouvez vous servir de cette dernière par exemple pour dire que si le signe ~tilde (qui appelera invert) est utilisé sur la classe personne, si son genre est homme, ça devient une femme et inversement. Ou pour d'autres utilisations encore.

Plus surprenant il y a la méthode _round_ qui vous permet de gérer comment arrondir votre objet quand vous l'enverrez à la fonction native round() que l'on a vu plus haut. Regardez sur ma classe Personne de tout à l'heure :

```
def __round__(self, n=None):
    self.prenom = self.prenom[:-n]
    self.nom = self.nom[:-n]
```

Désolé pour mes captures, derrière la souris il est marqué – n comme le premier.

On l'utilise comme ceci :

```
round(personne01, 3)
print(personne01)
```

Je demande ici d'arrondir à 3 ce qui dans ma classe correspond jusqu'au 3ème caractère en partant de la fin.

Résultat :

```
Objet de la classe Personne
Prénom : Jul
Nom : Fauja
```

Voilà, je peux choisir n'importe quelle façon de le gérer, en demandant de ne m'afficher que les initiales ou autre.

Et pour finir dans cette section vous avez aussi int, float et complex, pour gérer comment afficher vos objets quand vous les castez dans ces types là.

4.3.3 Collections :

Nous allons voir comment gérer les collections, qui se nomment plutôt containers en Python. En gros elles vont vous servir si vous voulez que votre classe ait le même comportement qu'une liste, un tuple ou autre container.

getitem :

Cette méthode prend un int en argument qui correspond à l'index de l'objet, elle définie le comportement de :
votre_objet[index_de_l_objet]

Vous devrez gérer le TypeError si la clé n'est pas un int, , l'IndexError et le KeyError.

missing :

Quand la clé est manquante.

setitem :

Prend la clé mais aussi la valeur à assigner en argument est équivalent à :
Mon_objet[2] = 'Julien'
Ici la clé est 2 et la valeur est Julien.

contains :

Prend un item (element) en argument et renvoie True si l'objet contient l'élément sinon il renvoit False.

len :

Est utilisable comme round. Elle paramètre le comportement qu'aura l'objet quand on l'enverra dans la fonction native len (qui est censé renvoyer la taille) Je dit censé parce que maintenant vous pouvez tout recoder à votre guise.

Il y a encore énormément de méthodes magiques que vous pouvez implémenter dans vos classes, je ne peux pas toute

vous les montrer ici et de toute façons je ne les connais pas toutes. Mais sachez qu'il en existe pour :
La gestion des Métaclasses, des Context Managers, des Coroutines et bien d'autres domaines encore.

Ce chapitre est à présent terminé et le suivant sera certainement le plus compliqué du livre. Alors restez concentrés.

5. Bitwise

Les opérateurs : and / or / xor / not :

Nous verrons les opérations et / ou / ou exclusif / non.

Les opérateurs de décalages

Les opérateurs de décalages à droite et à gauche.

Dans ce chapitre nous allons faire des opérations sur les bits et pour cela il faut des notions en binaire. Les opérations sur les bits se font grâce aux opérateurs : **&, |, ^, ~,**
Respectivement : and (et), or (ou), xor (ou exclusif) et not (non).
Il y a aussi les opérateurs de décalage mais nous les verrons plus bas.

En binaire pour savoir comment fonctionne un opérateur il faut regarder sa table de vérité.

5.2.1 and (et)

Nous commençons avec l'opérateur & (and), regardons sans tarder sa table de vérité :

Table de vérité de ET		
a	b	a ET b
0	0	0
0	1	0
1	0	0
1	1	1

La table nous dit que quand on utilise l'opérateur sur deux valeurs 1 elle renvoie 1 sinon dans tous les autre cas, elle renvoie 0.

Faisons un essai :

```
15  n1 = 5              # 00000101
16  n2 = 20             # 00010100
17  # --------------------------------------
18  r3 = n1 & n2        # 00000100 = 4 en décima
19
20  print(r3)
```

Regardez, j'ai aligné à droite leur valeur binaire pour que vous compreniez que les bits se comparent un à un (Comme les additions sur papier à l'école).

Sur l'opération : 5 & 20 ce qui nous donne en binaire :

00000101 et
00010100

On constate que le premier bit (on part de la droite en binaire) de n1 est 1 et celui de n2 est 0 donc le résultat donnera 0, pour le deuxième ils sont tous les deux à zéro, ça donnera zéro aussi. Pour le troisième ils sont tous les deux à 1 donc il sera à 1 dans le résultat. Et pour les suivants ils donneront tous zéros.

00000101 et

00010100
00000100

Ce qui nous donne 4.

Regardez ce code :

```
27    a = list(range(256))
28    x = [n for n in a]
29
30    for i in range(256):
31        if i == 255:
32            break
33        print(format(x[i], 'b'))
34        print(format(x[i+1], 'b'))
35        print(format(x[i]&x[i+1], 'b'))
36        print(50*"*")
37
```

Je crée une liste de 256 valeurs allant de 0 à 255 : toutes les valeurs possibles pour 8 bits, que je stocke dans une liste.

Ne soyez pas perturbé par la ligne 28 qui ne sert à rien dans le cas présent mais je m'en suis servi pour d'autres exemples (quoi qu'il en soit j'utilisera la liste x dans cet exemple.

Je crée une boucle sur toute la liste qui va appliquer l'opérateur sur toutes les valeurs de la liste avec la valeur suivante exemple :
1&2, puis 2&3, puis 3&4, jusqu'à la fin de la liste.

Pourquoi avoir mis des 'formats' dans les prints ? C'est simple, je voulais que les résultats s'affichent en binaire et pas sous forme d'entiers.

La dernière instruction print est juste pour afficher des lignes d'étoiles entre chaque rapport.

Voici le résultat :

```
0
1
0
*********************
1
10
0
*********************
10
11
10
*********************
11
100
0
*********************
100
101
100
*********************
101
110
100
*********************
110
111
110
*********************
111
1000
0
*********************
1000
1001
1000
*********************
1001
1010
1000
*********************
1010
1011
1010
*********************
1011
1100
1000
*********************
1100
1101
```

Mais vous allez me dire qu'au début de la liste ça ne sert pas à grand chose vu que si les deux raports n'on pas le même nombre d'unité et qu'ils ne sont pas alignés il n'y a aucun intérêt.

Donc améliorons le code :

```
27    a = list(range(256))
28    x = [n for n in a]
29
30
31    def myFormat(n):
32        return str(format(n, 'b')).zfill(8)
33
34
35    for i in range(256):
36        if i == 255:
37            break
38        print(myFormat(x[i]))
39        print(myFormat(x[i]+1))
40        print(myFormat(x[i]&x[i+1]))
41        print(50*"*")
42
```

Je crée une fonction à la ligne 31 qui va récupérer le nombre, y appliquer le format binaire comme plus haut, mais qui va ensuite le convertir en chaine de caractères pour pouvoir lui appliquer la méthode zfill, qui est une méthode de remplissage de caractères. Et je lui donne 8 en argument.

Dans la boucle il ne me reste plus qu'a envoyer l'élément à la fonction et à l'afficher dans un print et le tour est joué. (J'aurais pu faire le print dans la fonction, d'ailleurs ça aurait été mieux).

Regardons maintenant le résultat :

```
00000000
00000001
00000000
*************
00000001
00000010
00000000
*************
00000010
00000011
00000010
*************
00000011
00000100
00000000
*************
00000100
00000101
00000100
*************
00000101
00000110
00000100
*************
00000110
00000111
00000110
*************
00000111
00001000
00000000
*************
00001000
00001001
00001000
*************
00001001
00001010
00001000
*************
00001010
00001011
00001010
*************
00001011
00001100
```

Maintenant il est beaucoup plus simple de comprendre les opérations.

5.2.2 or (ou)

Passons à l'opérateur : | or (ou) son symbole se fait avec alt Gr + 6 sur clavier azerty. Regardons sa table de vérité :

Table de vérité de OU		
a	b	a OU b
0	0	0
0	1	1
1	0	1
1	1	1

S'il y a un 1 sur un des deux côté elle renvoie 1 sinon elle renvoie 0. Plutôt simple, essayons :

```
15  n1 = 5           # 00000101
16  n2 = 20          # 00010100
17  # ---------------------------------------
18  r3 = n1 | n2     # 00010101 = 21 en décima
19
20  print(r3)
```

Avec les mêmes valeurs que plus haut : 5, 20 donc :

5 | 20 = 21 :

00000101 ou
00010100
00010101

Ce qui donne 21.

Reprenons notre boucle utilisée plus haut mais cette fois pour l'opérateur 'ou' :

```
30      def myFormat(n):
31          print(str(format(n, 'b')).zfill(8
32
33
34      for i in range(256):
35          if i == 255:
36              break
37          myFormat(x[i])
38          myFormat(x[i]+1)
39          myFormat(x[i]|x[i+1])
40          print(50*"*")
41
```

Comme vous pouvez le constater je l'ai légèrement modifiée puisque maintenant, je fais le print directement dans la fonction, ce qui fait beaucoup plus propre et plus pro aussi.

Voyons ce que ça donne :

```
00000000
00000001
00000001
*************
00000001
00000010
00000011
*************
00000010
00000011
00000011
*************
00000011
00000100
00000111
*************
00000100
00000101
00000101
*************
00000101
00000110
00000111
*************
00000110
00000111
00000111
*************
00000111
00001000
00001111
*************
00001000
00001001
00001001
*************
00001001
00001010
00001011
*************
00001010
00001011
00001011
*************
00001011
00001100
00001111
*************
00001100
00001101
00001101
```

5.2.3 xor (ou exclusif) :

Passons à l'opérateur ^ou exclusif (xor). Voici sa table de vérité :

Table de vérité de XOR (OU exclusif)		
a	b	a XOR b
0	0	0
0	1	1
1	0	1
1	1	0

Il ne renvoie 1 que si **seulement** un des deux et à 1, autrement il renvoie 0.

Essayons :

```
15    n1 = 5              # 00000101
16    n2 = 20             # 00010100
17    # ─────────────────────────────
18    r3 = n1 ^ n2        # 00010001 = 17 en décimal
19
20    print(r3)
```

Toujours avec les valeurs 5, 20, donc :

5^20 = 17.

00000101 ou exclusif
00010100
00010001

Ce qui donne 17.

Voyons notre boucle :

```
31      def myFormat(n):
32          print(str(format(n, 'b')).zfill(8)
33
34
35      for i in range(256):
36          if i == 255:
37              break
38          myFormat(x[i])
39          myFormat(x[i]+1)
40          myFormat(x[i] ^ x[i+1])
41          print(50*"*")
```

Jusque là, la seule chose qui a changé c'est le signe.

Affichons le résultat, du moins une partie (voir capture suivante) :

```
00000000
00000001
00000001
*************
00000001
00000010
00000011
*************
00000010
00000011
00000001
*************
00000011
00000100
00000111
*************
00000100
00000101
00000001
*************
00000101
00000110
00000011
*************
00000110
00000111
00000001
*************
00000111
00001000
00001111
*************
00001000
00001001
00000001
*************
00001001
00001010
00000011
*************
00001010
00001011
```

Pour l'opérateur : ~ non (not) le signe tilde, je n'afficherai pas sa table de vérité puisque c'est la plus simple. Ce n'est pas une opération qui se fait avec deux valeurs, mais une seule et elle se contente d'inverser la valeur des bits. Les 0 deviennent 1 et les 1 deviennent des 0.

5.3 Les opérateurs de décalages

Dans cette partie nous allons parler des opérateurs de décalages à gauche et les opérateurs de décalages à droite. Ils se composent avec les signes :

<< (décalage à gauche) et
>> (décalage à droite).

Mais à quoi servent-ils ?

Ils servent à décaler les bits d'un nombre d'unités spécifié vers la gauche ou vers la droite.

Commençons par l'opérateur de décalage à gauche. Gardons les valeurs utilisées plus haut, en particulier : 5 :

```
15    n1 = 5              # 00000101
16    n2 = 20             # 00010100
17
18    print("Décalage de 5<<2 : ",5<<2)
```

En faisant : 5<<2, je demande à ce que tous les bits de 5 soient décalés de 2 unités vers la gauche.

C'est comme si j'avais fait :

00000101 << 2

00010100

Donc : 20.

```
Décalage de 5<<2 :  20
```

Pour les plus attentifs, vous remarquerez qu'en binaire un décalage vers la gauche d'une unité revient à doubler la valeur, de deux unités la valeur sera multiplié par 4 etc...

5.3.2 Décalage à droite

C'est exactement le même principe pour le décalage à droite sauf qu'au lieu de multiplier la valeur par deux à chaque unité décalée, ça la divise.

Prenons 10 en binaire et décalons-le de 1 vers la droite. Regardez :

00001010>>1
_____
00000101

Résultat : 5.

Mais attention prenons 5 et décalons-le une nouvelle fois de 1 vers la droite :

00000101>>1
_____
00000010

Résultat 2.

Comment est-ce possible ? Tout simplement parce que le bit 1 qui était tout à droite à disparu.

Quand vous décalez de 1 vers la droite, le premier bit (vers la droite) disparaît. Tout comme quand vous décalez de 2 vers la droite, les deux premiers (vers la droite) disparaissent etc...

Tout comme pour le décalage à gauche si la valeur dépasse 256, des bits seront ajoutés et la valeur ne sera plus codé sur 8 bits mais sur le nombre de bits nécessaires pour la représenter en binaire.

6. Les fichiers

<u>Lire dans un fichier texte :</u>

Comment lire le contenu d'un fichier texte.

<u>Ecrire dans un fichier texte :</u>

Comment écrire du texte dans un fichier.

<u>Ecrire dans un fichier binaire:</u>

Comment écrire dans un fichier en binaire.

<u>Lire dans un fichier binaire:</u>

Comment lire un fichier binaire.

<u>Print dans un fichier :</u>

Comment écrire dans un fichier directement depuis un print.

Dans ce chapitre nous allons manipuler les fichiers et voir comment les ouvrir pour les lire et y écrire que ce soit en mode texte ou binaire. Commençons par voir comment les ouvrir et les fermer.

Pour ouvrir et fermer un fichier il y a deux solutions possibles :

```
17    fichier = open("mon_texte.txt", 'r')
18
19    fichier.close()
```

Voici comment ouvrir un fichier. En utilisant la fonction open et en lui donnant en argument : le nom du fichier, puis en deuxième argument, le mode d'ouverture (ligne 17).

Avec cette solution vous DEVEZ refermer le fichier à la fin de son utilisation. Pour cela vous utiliserez la méthode close comme montré ligne 19.

Voici la deuxième solution pour ouvrir un fichier :

```
17    with open("mon_texte.txt", 'r') as fichier:
18        ...
19        Ici faire les opérations sur le fichier
20        Il se fermera seul en sortant du bloc
21
22        ...
```

En utilisant le context manager 'with'. Pour cela il vous suffit de mettre le mot-clé 'with' suivi de la fonction 'open' (comme plus haut) et de la faire suivre du mot-clé 'as' et du nom que vous donnez à la variable qui contiendra votre fichier. Deux points et vous effectuerez toutes les opérations sur le fichier dans ce bloc d'instruction. Le fichier se fermera seul quand vous quitterez ce bloc.

6.2.1 Les modes d'ouverture:

Les modes d'ouverture sont, (pour le mode texte) :

'r' : pour ouvir le fichier en mode lecture.
'w' : pour ouvrir le fichier en mode écriture, s'il existe pas il est créé, s'il existe il est écrasé.
'a' : en écriture en mode ajout, on écrit à la fin sans écraser le fichier et s'il n'existe pas il est créé.

Rajoutez un b à ces modes pour avoir leurs équivalent en mode binaire : rb, wb, ab.

Voyons maintenant comment lire dans un fichier. Vous allez voir qu'il y a differentes manières de le faire. Lire le fichier entier, une ligne,, un mot ou un caractère.

6.3.1 Lire le fichier

Pour lire un fichier entier c'est très simple mais pour commencer laissez-moi vous montrer le contenu du fichier (pour que vous soyiez sur qu'il a tout récupéré) :

```
1  Ceci est mon fichier texte qui contient plusieurs lign
2  Nous voici à la ligne 2.
3  Ici c'est la ligne 3.
4  Déjà la ligne 4. Encore un peu et ce sera un roman.
5  Voici la fin du fichier.
6
```

Maintenant, regardez comment l'on s'y prend :

```
17    with open("mon_texte.txt", "r") as fichier:
18        texte = fichier.read()
19        print(texte)
```

On utilise la méthode 'read' sur notre variable fichier, que l'on stocke dans une variable (que j'ai nommé texte) et je l'affiche dans un print pour vous montrer le résultat :

```
Ceci est mon fichier texte qui contient plusieurs lignes
Nous voici à la ligne 2.
Ici c'est la ligne 3.
Déjà la ligne 4. Encore un peu et ce sera un roman.
Voici la fin du fichier.
```

C'est tout ce qu'il y a à savoir pour lire un fichier entier. Mais bien souvent, vous voudrez le traiter ligne par ligne ou mot par mot ou même caractère par caractère, alors nous voyons ça maintenant.

6.3.2 Lire une ligne

Pour lire le fichier ligne par ligne il y a deux solutions. Soit vous faites :

```
17    with open("mon_texte.txt", 'r') as fichier:
18        texte = fichier.readlines()
19        print(texte)
20
```

En utilisant la méthode 'readlines' (avec un s) sur la variable fichier. Ce qui aura pour effet de renvoyer dans la variable 'texte' une liste de toutes les lignes du fichier. Regardez :

```
['Ceci est mon fichier texte qui contient plusieurs lignes\n', 'Nous voici à la ligne 2.\n', "Ici c'est la ligne 3.\
```

L'on voit très mal, comme à un précédent chapitre alors je vais faire ceci :

```
17    with open("mon_texte.txt", 'r') as fichier
18        texte = fichier.readlines()
19        print(texte[0])
20        print(texte[1])
21        print(texte[2])
22        print(texte[3])
23
```

Voilà, là vous comprenez mieux qu'il s'agit d'une liste. Le résultat :

```
Ceci est mon fichier texte qui contient plusieurs ligne
Nous voici à la ligne 2.

Ici c'est la ligne 3.

Déjà la ligne 4. Encore un peu et ce sera un roman.
```

La deuxième solution consiste à utiliser la méthode 'readline' sans s, et récupérera toute la ligne suivante (ici la première). Regardez :

```python
17    with open("mon_texte.txt", 'r') as fichier:
18        texte = fichier.readline()
19        print(texte)
20
```

Résultat :

```
Ceci est mon fichier texte qui contient plusieurs lignes
```

Vous pouvez passer aussi un entier en argument qui défini le nombre de bytes que doit contenir la ligne. Regardez :

```
17    with open("mon_texte.txt", 'r') as fichier:
18        texte = fichier.readline(20)
19        print(texte)
20
```

Résultat :

```
Ceci est mon fichier
```

Les 20 premiers bytes sont récupérés.

Pour récupérer un mot, je vous propose de regarder le code en premier :

```
17    ⊟with open("mon_texte.txt", 'r') as fichi
18         texte = fichier.readlines⏷
19    ⊟    for ligne in texte:
20             mots = ligne.split()
21    ⊟        print(mots)
```

Nous récupérons toutes les lignes dans une variable avec la méthode 'readlines' (avec s) puis nous faisons une boucle sur cette variable texte qui nous fournira à chaque tour de boucle (correspondant ici à ligne) la ligne courante.

Puis sur ligne nous utilisons la méthode split (qui sépare tous les mots d'une ligne) et nous les stockons ici dans 'mots'.

Résultat :

```
['Ceci', 'est', 'mon', 'fichier', 'texte', 'qui', 'contient', 'plusieurs', 'lignes']
['Nous', 'voici', 'à', 'la', 'ligne', '2.']
['Ici', "c'est", 'la', 'ligne', '3.']
['Déjà', 'la', 'ligne', '4.', 'Encore', 'un', 'peu', 'et', 'ce', 'sera', 'un', 'roman.'
['Voici', 'la', 'fin', 'du', 'fichier.']
```

Voici tous les mots dans une liste (sauf qu'ici, j'ai recréé la liste à chaque tour de boucle mais c'est pas important). Nous pouvons le faire autrement :

```
17      with open("mon_texte.txt", 'r') as fichier:
18          texte = fichier.readlines()
19          for ligne in texte:
20              mots = ligne.split()
21              for mot in mots:
22                  print(mot)
23
```

Je refais simplement une boucle sur 'mots' et j'affiche chaque mot. Résultat :

```
ceci
est
mon
fichier
texte
qui
contient
plusieurs
lignes
Nous
voici
à
la
ligne
2.
Ici
c'est
la
ligne
3.
Déjà
la
ligne
4.
Encore
un
peu
et
ce
sera
un
roman.
Voici
la
fin
du
fichier.
```

Pour lire un caractère nous restons sur le même principe.
Regardez :

```python
17    with open("mon_texte.txt", 'r') as fichier:
18        texte = fichier.readlines()
19        for ligne in texte:
20            mots = ligne.split()
21            for mot in mots:
22                for lettre in mot:
23                    print(lettre)
```

Je rajoute une nouvelle boucle imbriquée sur chaque mot et
j'affiche les caractères.

Résultat :

```
C
e
c
i
e
s
t
m
o
n
f
i
c
h
i
e
r
t
e
x
t
e
```

Tout ceci est bien beau mais n'y a t'il pas un moyen plus optimisé de récupérer le texte de mon fichier ?

Oui, en effet. Et c'est ce que nous voyons maintenant.

```
27    with open("mon_texte.txt", 'r') as fichier:
28        texte = fichier.read(1)
29        while len(texte) > 0:
30            print(texte)
31            texte = fichier.read(1)
```

En utilisant la méthode read qui lit tout le fichier et en lui donnant 1 en argument, elle lira le fichier caractère par caractère. C'est tout de même plus pratique.

Dans la condition de la boucle while j'ai simplement demandé à boucler tant que la taille de la variable texte était plus grande que 0. C'est à dire qu'au fur et à mesure qu'il récupère du texte, il arrive de plus en plus sur la fin du fichier et la variable texte quand elle sera à la fin, aura une taille de zéro caractère, c'est là que nous sortirons de la boucle.

Le même principe fonctionne pour les lignes du fichier :

```
27    with open("mon_texte.txt", 'r') as fichier:
28        texte = fichier.readline()
29        while len(texte) > 0:
30            print(texte)
31            texte = fichier.readline()
32
```

Et puisque c'est le curseur qui se déplace au cours du fichier pour récupérer ce que vous demandez (ligne, caractères etc...) Vous pouvez demander à connaître la position du curseur à un moment donné.

Admettons que je veuille connaître la position du curseur après chaque ligne. Je devrais faire ça :

```python
27    with open("mon_texte.txt", 'r') as fichier
28        texte = fichier.readline()
29        while len(texte) > 0:
30            print(texte)
31            print(fichier.tell())
32            texte = fichier.readline()
33
```

Regardez à la ligne 31, j'utilise la méthode 'tell' qui me renverra la position actuelle du curseur.

Résultat :

```
Ceci est mon fichier texte qui contient plusieurs lignes

57
Nous voici à la ligne 2.

83
Ici c'est la ligne 3.

105
Déjà la ligne 4. Encore un peu et ce sera un roman.

159
Voici la fin du fichier.

184
```

Pratique pour connaître la taille des lignes, il me suffira de faire la soustraction à chaque tour de boucle.

Mais sachez (et c'est tout aussi intéressant sinon plus) que si vous pouvez connaître la position du curseur vous pouvez aussi choisir de le placer à la position de votre choix.

Pour cela nous utiliserons la méthode 'seek' en lui donnant en argument la position en nombre de caractères depuis le début du fichier. Comme ceci :

```
27    with open("mon_texte.txt", 'r') as fichier
28        texte = fichier.readline()
29        fichier.seek(159)
30        while len(texte) > 0:
31            print(texte)
32            print(fichier.tell())
33            texte = fichier.readline()
34
```

Je récupère la première ligne et je lui demande de se placer directement à la position 159, puis dans la boucle j'affiche la ligne qu'il m'avait récupéré (la première) mais le curseur lui est bien à la position 159 ; donc à la ligne 33 quand je récupère la ligne suivante il concidère que c'est à partir du caractère 159. Regardez :

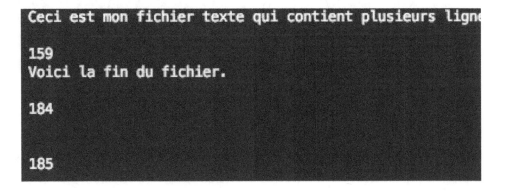

Ce sera aussi très pratique quand nous écrirons dans les fichiers. Ce que nous voyons tout de suite.

6.4 Ecrire dans un fichier texte

Voyons comment écrire dans un fichier texte. Tout d'abord nous devons changer le mode d'ouverture du fichier et le mettre à 'w' ou 'a' si nous voulons continuer un fichier sans l'écraser.

Ensuite nous allons utiliser la méthode 'write' sur notre objet 'fichier'. Regardez le code suivant, je le détaille ensuite :

```
27    with open("mon_texte.txt", 'w') as fichier:
28        caractere = " "
29        while len(caractere) > 0:
30            print("Entrez du texte et terminez par la touche entrée"
31            caractere = input()
32            fichier.write(caractere)
33            fichier.write("\n")
34
```

Je crée une variable 'caratere' qui va contenir mon texte. C'est très important qu'elle ne soit pas nulle sinon elle ne rentrera pas dans la boucle suivante, donc je lui assigne un espace comme texte.

Dans la boucle qui suit je dis qu'elle doit continuer tant que la taille de la variable 'caractere' (qui contiendra le texte) est plus grande que 0. Dès que la taille du texte que nous avons entré est nulle nous sortons de la boucle et le programme continuera.

Autrement le code de la boucle continuera et nous afficherons le print et attendrons que l'utilisateur entre du texte (ligne 31) qui sera stocké dans la variable 'caractere'.

Ligne 32 nous envoyons la variable 'caractere' dans la méthode 'write' qui écrit dans le fichier.

Ligne 33 nous écrivons dans le fichier un '\n', c'est à dire un retour à la ligne pour que le texte ne soit pas tout collé.

Voilà ce qui se passe : On vous demande de taper du texte et de terminer par la touche entrée, quand vous avez entré votre texte et tapé entrée, le texte est copié et on vous propose la même chose. Soit vous tapez entrée pour écrire une ligne vide et finir le programme, soit vous entrez du texte à nouveau.

Voici mon résultat :

```
Entrez du texte et terminez par la touche entrée
Je suis Julien
Entrez du texte et terminez par la touche entrée
J'ai 33 ans
Entrez du texte et terminez par la touche entrée
Je suis auteur et programmeur
Entrez du texte et terminez par la touche entrée


Process finished with exit code 0
```

On voit bien que la dernière fois que l'on m'a posé la question je n'ai rien entré et le programme s'est terminé.

Voici le contenu de mon fichier texte :

```
1    Je suis Julien
2    J'ai 33 ans
3    Je suis auteur et programmeur
4
5
```

6.5 Ecrire dans un fichier binaire

Pourquoi écrire dans un fichier binaire ? C'est simple, dans un fichier texte vous ne pouvez écrire que des chaines de caractères, mais imaginez que vous avez une classe Personne qui enregistre le nom et l'age d'un joueur (pour un jeu vidéo par exemple) et que vous devez sauvegarder ses données. Ecrire dans un fichier en binaire permet d'écrire cet objet et de le récupérer tel quel sans vous soucier de comment le formatter pour pouvoir le récupérer plus tard.

Pour cela nous allons utiliser le module 'pickle' qui va grandement nous faciliter le travail.

Regardez le code, je vous le détaille ensuite :

```
26    import pickle
27
28    class Personne:
29        def __init__(self, name, age):
30            self.name = name
31            self.age = age
32
33        def Hello(self):
34            print(self.name + " : " +str(self.age)+ " ans..."
35
36
```

Je commence par importer 'pickle'. Pour cet exemple j'ai créé une classe Personne, mais vous pouvez le faire avec ce que vous voulez.

Suite du code :

```
38      with open("mon_texte.perso", 'wb') as fichier:
39          nom = " "
40          age = 0
41          print("Votre nom ?")
42          nom = input()
43          print("Votre age ?")
44          age = input()
45          p = Personne(nom, int(age))
46
47          data = pickle.Pickler(fichier)
48          data.dump(p)
49
```

Vous remarquerez l'extension du fichier ('perso'). C'est moi
qui l'ai choisi. Vous pouvez mettre l'extension que vous
voulez vous aussi. Bien sur le mode d'ouverture du fichier
est ici 'wb' puisque c'est en écriture et sur du binaire.

Je crée 2 variables : nom et age pour les récupérer quand
l'utilisateur les rentrera au clavier. De la ligne 41 à 44 c'est
la récupération demandée à l'utilisateur.
Je stocke les données dans un objet de ma classe Personne
que je nomme 'p'.

La partie nouvelle commence à la ligne 47, ou j'utilise la
classe Pickler du module pickle et je lui donne en argument
mon fichier. Je nomme cet objet 'data'.

Puis j'envoie à la méthode 'dump' de mon objet 'data' mon objet 'p' en argument. Ce qui aura pour effet de copier l'objet 'p' dans le fichier.

C'est tout. Je lance l'exécution du code (voir capture suivante) :

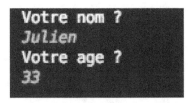

A la fin de l'exécution du code, l'objet est copié dans le fichier 'mon_texte.perso' dont je vous montre un aperçu :

```
1    c__main__
2    Personne
3    q )q}q (X    nameq X    Julienq X    ageq K!ub
```

Illisible. Normal nous essayons d'afficher du binaire. On pourrait le lire avec logiciel qui lit de l'hexadécimal. Mais ça n'a pas d'intérêt dans ce chapitre.

Voyons maintenant comment lire les données d'un fichier binaire.

Pour lire les données, regardez le code :

```
56    with open("mon_texte.perso", 'rb') as fichier
57
58
59        data = pickle.Unpickler(fichier)
60        p = data.load()
61
62        print(p.Hello())
```

Premièrement le mode d'ouverture du fichier est 'rb'. Ensuite vous remarquerez que nous n'utilisons pas 'Pickler' mais 'Unpickler' cette fois. Puis au lieu d'utiliser 'dump' nous utilisons 'load' et bien entendu nous n'avons aucun argument à lui envoyer.

Je me contente ensuite d'afficher la méthode 'Hello' que j'avais créé dans ma classe mais, j'aurais pu utiliser les attributs 'name' et 'age' si j'avais voulu.

Exécutons le code :

```
Julien : 33 ans...
```

C'est fait. Nous savons maintenant, lire et écrire dans un fichier en binaire.

6.7 Print dans un fichier

Bon pour faire un print dans un fichier c'est extrèmement simple regardez ce qu'il suffit de faire :

```
38  with open('mon_texte.txt', "a") as fichier:
39      print("Salut à tous", file=fichier)
40
```

Il suffit de renseigner votre objet fichier dans l'argument nommé 'file'.

J'ai utilisé le mode d'ouverture 'a' (ajout) juste parce que je ne vous avais pas fait d'exemples concret avec.

Regardez ce que ça donne :

```
1    Je suis Julien
2    J'ai 33 ans
3    Je suis auteur et programmeur
4
5    Salut à tous
6
```

La ligne 5 a été rajoutée sans me supprimer ce qu'il y avait avant. (Grâce au mode 'ajout').

Voilà ce chapitre est à présent terminé. Dans le prochain chapitre nous parlerons de PyAutoGUI.

7. PyAutoGUI

La souris :

Nous verrons comment récupérer la position de la souris, comment cliquer, double cliquer, drag and drop.

Le clavier :

Nous verrons comment taper du texte ou une touche ou combinaisons de touches.

Le visuel :

Nous verrons comment faire des captures d'écran mais aussi récupérer un pixel ou même reconnaître une image pour y déplacer la souris.

Avant toute chose nous devons importer PyAutoGUI. Pour cela il suffit de faire :

```
18      import pyautogui as bot
19
```

Je précise que je lui donne un alias (bot) parce que je n'ai pas envie de retaper pyautogui à chaque instruction. Et puis bot ça fait plus cool non ?

7.2.1 Position de la souris

Commençons donc avec la souris. Pour connaître sa position il suffit de faire :

```
22      # Position
23      print(bot.position())
24
```

Résultat :

```
(-1284, 594)
```

Ne soyez pas étonné par le résultat négatif de la position X, c'est juste que je travaille sur deux écrans et que mon écran de gauche est concidéré comme position négative.

La méthode Position, vous renverra un tuple contenant les coordonnées X et Y de la souris. Vous pourrez donc faire un Position[0] pour ne récupérer que la position X ou un Position[1] pour ne récupérer que la position Y.

7.2.2 Se déplacer

Pour faire se déplacer la souris il faut faire comme ceci :

```
25    # Deplacer
26    bot.moveTo(100,500)
27
```

Je demande à la souris de se positionner aux coordonnées x :100 et y : 500 de mon écran grace à la méthode 'moveTo'. Mais je peux faire aussi :

```
bot.moveTo(1000,50, duration=3)
```

Le mot-clé 'duration' permet de définir combien de temps mettra la souris pour faire le trajet.

```
bot.moveRel(-500,100)
```

La méthode moveRel est intéressante car elle permet de définir une position relative à la souris. C'est à dire une position par rapport à la position actuelle. Ce qui veut dire que dans cet exemple la souris n'ira pas aux coordonnées -500, 100 mais plutôt se décalera de 500 pixels vers la gauche par rapport à la position actuelle de la souris et 100 pixel sur la position des Y.

Vous pourrez donc faire des actions comme ceci :

```
bot.moveRel(200,100)
bot.moveRel(200,100)
```

Ce qui signifie :

Décale toi de 200 sur les X et 100 sur les Y et encore 200 sur les X et 100 sur les Y.

7.2.3 Cliquer

Passons au clic. Pour cliquer il faudra utiliser la méthode 'click' comme ceci :

```
41      bot.click()
42
43      bot.click(x=50,y=200)
44
```

Soit vous cliquez à l'endroit actuel de la souris soit vous lui donnez la position à laquelle elle doit cliquer et elle s'y déplacera pour cliquer.

Voici d'autres manières d'utiliser la méthode 'click' :

```
45      bot.click(x=50,y=200, clicks=3)
46      bot.click(x=50,y=200, clicks=3, interval=2)
47      bot.click(x=50,y=200, clicks=3, interval=2, button='l
48
```

Le mot-clé 'clicks' permet de définir le nombre de clics. Le mot-clé 'interval' permet de définir un intervalle entre chaque clic. Et le mot-clé 'button' permet de dire avec quel bouton de la souris il faut cliquer. (left, right, middle).

```
49    bot.doubleClick(x=20,y=150)
50    bot.tripleClick(x=20,y=250)
```

Vous avez aussi les méthodes 'doubleClick' et 'tripleClick' qui fonctionnent exactement de la même manière.

7.2.4 Autres avec la souris

Avec la souris nous pouvons aussi faire des Drag and Drop (glisser / déposer) de manière très simple. Regardez :

```
bot.dragTo(150,200)
bot.dragTo(150,200, duration=2)

bot.dragRel(50,100, button='left')
```

Il faut utiliser la métode 'dragTo'.
Dans le premier exemple la souris maintiendra le boutton
gauche de la souris (par défaut) jusqu'à la position 150,200.

Dans le deuxième exemple elle fera la même chose mais
mettra 2 secondes pour le faire.

Et dans le troisième exemple on utilise la méthode
'dragRel', similaire à 'moveRel' c'set à dire qu'elle fera un
drag and drop depuis la position actuelle de la souris
jusqu'à :50 pixels de plus sur les X et 100 de plus sur les Y.

De plus j'ai rajouté ici le bouton que je veux que la souris
maintienne pendant le drag and drop (j'ai mis gauche, ce
qui n'a aucun intérêt puisque par défaut c'est le gauche).

Maintenant, nous allons faire un petit test sympa. Regardez le code suivant :

```
54    bot.moveTo(1200,500)
55    isPositive = True
56    for x in range(400,20,-20):
57        if isPositive == False:
58            bot.dragRel(-x,0,1)
59            bot.dragRel(0,x,1)
60            isPositive = True
61        else:
62            bot.dragRel(x,0,1)
63            bot.dragRel(0,-x,1)
64            isPositive = False
65
```

Je choisi une position de départ. Je fais une boucle qui va déplacer la souris sous forme de drag and drop dans un logiciel de dessin pour faire une forme. Pour cela il faut que j'ouvre un logiciel de dessin sur mon deuxième écran.

Si vous en avez qu'un, faite un système qui démarre au bout de quelques seconde pour avoir le temps de mettre le logiciel de dessin au premier plan.

L'explication de ce code n'est ni nécessaire, ni importante. A vous de créer vos propres figures.

Je précise que sur Mac je n'ai pas Paint (et je suis novice, j'ai été un utilisateur Windows pendant 20 ans). Donc j'ai pris 'Gimp', mais le rendu du dessin n'est pas ce que j'aurais voulu. Bref, le but c'est que vous compreniez le principe.

Regardez :

7.3 Clavier

Attention dans les exemples suivants, l'alias 'bot' que j'utilisais ne l'est plus. J'ai fait les captures depuis une autre source qui utilise le nom du module à la place. Voilà, ne soyez donc pas perturbé par ce détail.

7.3.1 Taper du texte

Pour taper du texte il y a plusieurs façons de faire. Regardez le code :

```
pyautogui.typewrite('Hello world!')
pyautogui.typewrite('Hello world!', interval=0.25)
```

Vous utiliserez la méthode 'typewrite' et lui donnerez en argument, le texte que vous voulez taper. Mais comme vous le voyez sur le deuxième exemple, vous pouvez définir un intervalle de temps entre chaque lettre tapée avec le mot-clé 'interval'.

Ceci n'est que pour le texte, car si vous voulez juste taper des touches comme 'Entrée', 'Espace' ou autres, vous utiliserez une autre méthode.

7.3.2 Taper une touche

Voici comment faire pour simuler l'appui sur une touche :

```
pyautogui.press('enter')
pyautogui.press('f1')
pyautogui.press('left')
```

Pour maintenir une (ou plusieurs) touche(s) pendant
l'appui d'autres touches, voici comment faire :

```
pyautogui.keyDown('shift')
pyautogui.press('left')
pyautogui.press('left')
pyautogui.press('left')
pyautogui.keyUp('shift')
```

Dans cet exemple la touche 'shift' sera maintenue (avec la
méthode 'keyDown') pendant que la flèche de gauche 'left'
sera appuyée trois fois (avec 'press') puis la touche 'shift'
sera relachée avec la méthode 'keyUp'.

7.3.3 Combinaisons de touches

Les combinaisons de touches se font avec la méthode
'hotkey' comme ceci :

```
pyautogui.hotkey('ctrl', 'shift', 'esc')
```

Ici la combinaison réalisée sera : CTRL + Shift + Echap. Mais cette méthode 'hotkey' est juste un wrapper (méthode raccourcis) qui remplace ceci :

```
pyautogui.keyDown('ctrl')
pyautogui.keyDown('shift')
pyautogui.keyDown('esc')
pyautogui.keyUp('esc')
pyautogui.keyUp('shift')
pyautogui.keyUp('ctrl')
```

C'est son équivalent, mais avouez que c'est plus simple avec 'hotkey'.

Vous pouvez retrouver la liste des touches dans KEYBOARD_KEYS. En faisant par exemple :

pyautogui. KEYBOARD_KEYS

dans un print. Mais de toute façon je vous mets la capture du nom des touches. Enfin faîtes quand même le print vu la qualité de la capture :

```
['\t', '\n', '\r', ' ', '!', '"', '#', '$', '%', '&', "'", '(',
')', '*', '+', ',', '-', '.', '/', '0', '1', '2', '3', '4', '5', '6', '7',
'8', '9', ':', ';', '<', '=', '>', '?', '@', '[', '\\', ']', '^', '_', '`',
'a', 'b', 'c', 'd', 'e', 'f', 'g', 'h', 'i', 'j', 'k', 'l', 'm', 'n', 'o',
'p', 'q', 'r', 's', 't', 'u', 'v', 'w', 'x', 'y', 'z', '{', '|', '}', '~',
'accept', 'add', 'alt', 'altleft', 'altright', 'apps', 'backspace',
'browserback', 'browserfavorites', 'browserforward', 'browserhome',
'browserrefresh', 'browsersearch', 'browserstop', 'capslock', 'clear',
'convert', 'ctrl', 'ctrlleft', 'ctrlright', 'decimal', 'del', 'delete',
'divide', 'down', 'end', 'enter', 'esc', 'escape', 'execute', 'f1', 'f10',
'f11', 'f12', 'f13', 'f14', 'f15', 'f16', 'f17', 'f18', 'f19', 'f2', 'f20',
'f21', 'f22', 'f23', 'f24', 'f3', 'f4', 'f5', 'f6', 'f7', 'f8', 'f9',
'final', 'fn', 'hanguel', 'hangul', 'hanja', 'help', 'home', 'insert', 'junja',
'kana', 'kanji', 'launchapp1', 'launchapp2', 'launchmail',
'launchmediaselect', 'left', 'modechange', 'multiply', 'nexttrack',
'nonconvert', 'num0', 'num1', 'num2', 'num3', 'num4', 'num5', 'num6',
'num7', 'num8', 'num9', 'numlock', 'pagedown', 'pageup', 'pause', 'pgdn',
'pgup', 'playpause', 'prevtrack', 'print', 'printscreen', 'prntscrn',
'prtsc', 'prtscr', 'return', 'right', 'scrolllock', 'select', 'separator',
'shift', 'shiftleft', 'shiftright', 'sleep', 'space', 'stop', 'subtract', 'tab',
'up', 'volumedown', 'volumemute', 'volumeup', 'win', 'winleft', 'winright', 'yen',
'command', 'option', 'optionleft', 'optionright']
```

7.4 Visuel

7.4.1 Captures d'écrans

Pour intéragir avec ce qui se passe sur votre écran, vous allez devoir localiser certaines zones. Des zones comme par exemples : des onglets ou des icones, des boutons. Pour cela, il va vous falloir faire une capture de l'écran. Regardez les differentes façons de faire :

```
screen = bot.screenshot()
```

Le plus simple est d'utiliser la méthode 'screenshot', qui fera une capture totale de l'écran que je stocke ici dans la variable 'screen'. Mais il y a d'autres façons de faire. Regardez :

```
screen = bot.screenshot("screenShot.png")
```

C'est la même méthode sauf qu'en lui renseignant un nom (avec l'extension PNG) vous sauvegarderez la capture sous forme d'image. Pour raccourcir le travail de cette méthode qui prend à peu près 100 millisecondes, vous pouvez délimiter une région avec le mot-clé : 'region'.

Le mot-clé region accepte un tuple sous ce format : gauche, haut, largeur, hauteur.

Comme ceci :

```
capture = bot.screenshot(region=(1200,10,100,60))
capture.save('screen003.png')
```

Notez qu'après, pour sauver la capture si je sélectionne une région je dois la sauvegarder avec la méthode 'save'.

Regardez le résultat :

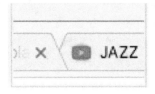

7.4.2 Localiser une image

Pour localiser une portion d'image comme notre capture par exemple, il y à plusieurs méthodes. Il y a 'locateOnScreen' qui prend l'image et renvoie sa position sous forme de tuple.

Il y a aussi 'locateCenterOnScreen', plus pratique quand on doit cliquer dessus puisque elle revoie le centre de l'image sous forme de tuple.

Il y a aussi 'locateAllOnScreen', qui renvoie toute les positions de l'image en question (au cas où elle apparaît plusieurs fois).

```
capture = bot.screenshot(region=(1200,10,100,60)
capture.save('screen003.png')


x,y = bot.locateCenterOnScreen(capture)
bot.click(x=x,y=y)
```

Pour récupérer la valeur d'un pixel il faut faire :

```
screen = bot.screenshot()

pix = screen.getpixel((200,500))
print(pix)
```

En lui donnant en argument les coordonnées du pixel. Et vous obtenez le résultat suivant :

```
(227, 227, 227, 255)
```

Les valeurs de Rouge, Vert, Bleu et du canal de transparence du pixel.

8. TP : Combinaisons de paris

Cahier des charges :

Nous mettons d'abord en place le cahier des charges.

Code :

Ensuite nous écrivons le code.

Test :

Et finalement nous passons aux tests.

Dans ce chapitre, nous allons réaliser un TP pour créer un petit programme qui va vous demander d'entrer des matches avec leurs scores (du moins les scores que vous pensez probables) à peu près trois ou quatre scores pour chaque matches. Et le programme vous calculera toutes les combinaisons possibles pour gagner.

Ce programme sera en mode console et il écrira toutes les combinaisons possibles dans un fichier.

Très bien. Attaquons le cahier des charges.

8.3.1 But du programme :

Demander à l'utilisateur de rentrer des Matches avec plusieurs scores par matches et quand il a fini, il peut calculer toutes les combinaisons possibles (Produit cartésiens de tous les scores).

Le programme est en mode console.

Au lancement, demander à l'utilisateur quoi faire dans un menu contextuel et lui laisser le choix entre : Paramétrer un match ou calculer les combinaisons.

S'il choisit de paramétrer un match, il doit renseigner le nom du match (avec une confirmation de l'orthographe) et choisir s'il veut revenir au menu principal ou entrer un score pour ce match.

S'il choisit de rentrer un score (il devra aussi confirmer son choix, pour éviter les fautes de frappe). Puis il reviendra à l'étape précédente pour :
Soit rentrer un nouveau score, soit revenir au menu principal.

Les Matches doivent être sauvegardés dans un fichier binaire qui leur est unique (avec leurs scores) .

Une fois au menu principal il pourra soit, paramétrer un nouveau match soit calculer les possibilités.

S'il choisit de calculer les possibilités, tous les fichiers de tous les matches sont analysés pour récupérer tous les scores et calculer le produit cartésiens de toutes les combinaisons.

Les combinaisons doivent être classées en tickets et numérotés.

Les Imports :

- Importer pickle pour sauvegarder les fichiers binaires.
- Importer glob pour parcourir tous les fichiers dans un dossier.
- Importer Itertools pour les produits cartésiens.

Les Classes :

-Une classe Score, qui contiendra : Un score et le nom de son match.
-Une classe Match qui contiendra le nom du match et tous les scores (liste d'objet de la classe Score).
-Une classe Combinaison : qui fera office de ticket.

Détail des classes :

-Score :
-Attributs : le nom du match, le score sous forme de chaine de caractères.
-Méthodes : __init__ et __str__

-Match :
-Attributs : le nom du match, et une liste de scores.

-Méthodes : _init_, _add_ (pour ajouter un score sous forme d'addition) et _str_.

-Combinaison :
-Attributs : numéro du ticket, et le texte (la combinaison en chaine de caractères)
-Méthodes : _init_ et _str_.

Les fonctions :

-Une fonction pour calculer les produits cartésiens des scores.
-Une fonction pour paramétrer un match (avec ses scores).
-Une fonction pour entrer le score et le confirmer.
-Une fonction pour confirmer le nom du match.
-Une fonction pour récupérer tous les matches depuis les fichiers binaires.
-Une fonction pour le menu principal.

8.4 Le Code

C'est parti, commençons le code :

```
1   import pickle
2   import glob
3   import itertools
```

Les imports, pickle, glob et itertools.

Continuons avec la classe Score :

```
5    """
6    Script qui permet de demander plusieurs scores par Matches
7    et qui calcule toutes les combinaisons des tickets à remplir
8    """
9
10   class Score:
11       """
12       Contient le score d'un Match et son nom
13       """
14       def __init__(self, match_name, score):
15           self.match_name = match_name
16           self.score = score
17
18       def __str__(self):
19           return self.match_name + ' : \n' + self.score
```

Elle contient le nom du match et le score (un seul score).
Maintenant la classe Match :

```
22    class Match:
23        """
24        Contient tous les scores du Match et son nom
25        """
26        def __init__(self, name):
27            self.name = name
28            self.scores = []
29
30        def __add__(self, other):
31            if type(other) == Score:
32                self.scores.append(other)
33            elif type(other) == str:
34                score = Score(self.name, other)
35                self.scores.append(score)
36
37        def __str__(self):
38            scores_list = [s.score for s in self.scores]
39            return self.name+' : \n'+' / '.join(scores_lis
40
```

Elle contiendra le nom du Match et tous les scores sous forme de liste d'objets de la classe Score.

Vous noterez à la ligne 30 la méthode magique _add_ qui permet d'ajouter un score sous forme d'addition.

Elle vérifie si le score est de type Score et elle l'ajoute à la liste, mais s'il est sous forme de chaine de caractères, elle créé une instance de la classe Score avec cette chaine et l'ajoute ensuite à la liste.

Voyons la classe Combinaison :

```
42   class Combinaison:
43       """
44       C'est en fait la classe Ticket à remplir
45       """
46       def __init__(self, num_combi, result):
47           self.numero_ticket = num_combi
48           self.affichage = result
49
50       def __str__(self):
51           ticket = "Ticket N°"+str(self.numero_ticket)+'\n'
52           return ticket+self.affichage
53
```

Elle prend le numéro du ticket et la combinaison sous forme
de chaine de caractères et elle formattera l'affichage de
chaque combinaison.

Maintenant, la fonction qui calcule les produits cartésiens
des scores :

```
56    def cartesian_product_of_matches(*args):
57        """
58        Retourne la combinaison de tous les matches
59        :param args: Liste de listes avec le symbol
60        * avant l'argument
61        :return: Les combinaisons de toutes les
62        possibilités entre les listes
63        """
64
65        res_list = []
66        for element in itertools.product(*args):
67            res_list.append(element)
68        return res_list
```

Nous avons déjà vu ça au chapitre sur les produits
cartésiens.

C'est une fonction (et même la fonction la plus importante
je devrais dire) qui va se charger de prendre en entrée la
liste des scores de tous les matches et qui va calculer et
retourner toutes les combinaisons possibles qui puissent
exister avec ces matches/scores choisit par l'utilisateur.

Voyons maintenant la fonction qui permet de paramétrer
les matches :

(Voir capture suivante)

Cette fonction prend en entrée l'index du Match (qui sera demandé dans le menu principal) et à la ligne 77, crée un fichier en mode 'Ecriture en binaire' en donnant comme nom de fichier Match0+l'index du match (très important pour le récupérer plus tard).

```python
71    def SetMatch(match_index):
72        """
73        Parametre un nouveau Match
74        :param match_index: L'index du Match
75        :return: Le Match, mais pas utilise
76        """
77        with open('Match0'+str(match_index)+'.match', 'wb') as f:
78            is_match_id_setted = False
79            while is_match_id_setted == False:
80                print("Entrez le texte pour indentifier le Match : \
81                print("Ex : \"OM-PSG (Score Mi-Temps)\"\n ")
82                match_identifier = input()
83                choice = MatchIdentifierValidation(match_identifier)
84                if choice == "1":
85                    match_identifier = input()
86                if choice == "2":
87                    is_match_id_setted = True
88                    m = Match(match_identifier)
89            add_score = True
90            # Sortie du While
91            while add_score:
92                print("[ 1 ] Ajouter un Score / Côte ")
93                print("[ 2 ] Retour au Menu principal ")
94                action_choice = input()
95                if action_choice == "1":
96                    m+EntrerScore()
97                elif action_choice == "2":
98                    data = pickle.Pickler(f)
99                    data.dump(m)
100                   add_score = False
101        return m
```

Ligne 78, la variable nous permettra de boucler tant que l'on en a besoin.

Dans la boucle, nous demandons le nom du match et on le récupère dans une variable qui est envoyée comme argument dans la fonction qui demande confirmation sur le nom (que l'on voit plus bas) et qui renvoie 1 si l'utilisateur veut changer le nom (s'il a fait une faute) ou 2 s'il veut le garder.

S'il choisit 2 (ligne 86) la variable qui nous pemettait de boucler est mise à True pour que l'on sorte de la boucle à la fin de la prochaine instruction.

Puis on crée une instance de notre classe Match (nommé 'm') et on lui donne comme nom de match le nom que l'utilisateur a choisit.

Puis on crée une autre variable pour boucler cette fois jusqu'à ce qu'il n'y ait plus de scores à rentrer.

Ligne 94 on demande si l'on veut rentrer un score ou retourner au menu principal. Si l'on a choisit 1 (rentrer un score) on apelle la fonction EntrerScore (vu plus bas) et on stocke le score qu'elle renvoie dans m (notre mach) comme vous le voyez, le score est ajouté avec le signe +, (on a utilisé la méthode magique _add_ dans la classe Match).

Si l'utilisateur choisit 2 (pour revenir au menu principal) Le fichier binaire est écrit en lui envoyant l'objet m (de la classe Match) et on met notre variable qui nous permettait de boucler indéfiniement à False, pour sortir et revenir au menu principal.

Je précise que le return de la ligne 101 n'est pas utilisé dans cette version du programme. Ne le mettez pas.

Voyons la fonction EntrerScore :

On en a parlé plus haut, elle permet de rentrer le score mais surtout de l'ajouter sous forme d'addition à l'objet de la classe Match qui contient le match en cours, grace à la méthode magique _add_ que nous avons étudié au chapitre sur les builtins.

```
104   def EntrerScore():
105       """
106       Fonction qui demande d'entrer le score du match
107       et qui le renvoie
108       :return: le score du match (Str)
109       """
110       score_valider = "1"
111       while score_valider == str(1):
112           print("Entrez le Score séparé par un tiret (-)\n"
113           print("Ex : 2-1\n")
114           score = input()
115           print("Vous avez choisi : \n " + str(score))
116           print("[ 1 ] Recommencer \n[ 2 ] Valider ")
117           score_valider = input()
118       return score
119
```

On met une variable à 1 (sous forme de chaine de caractères) et on boucle dessus tant qu'elle garde cette valeur.

On demande d'entrer le score est si l'utilisateur entre 2 (comme chox de menu après avoir entré le score), le score est renvoyé (comme nous l'avons vu plus haut) s'il choisi 1 la boucle qui demande d'entrer le score continue. Voyons la fonction qui valide le nom du match :

```
122     def MatchIdentifierValidation(match_identifier):
123         """"
124         Demande confirmation du nom du Match
125         :param match_identifier: Nom du Match
126         :return: Le choix
127         """
128         print("Vous avez choisi : \n")
129         print(str(match_identifier) + "\n")
130         print("[ 1 ] Choisir un autre\n[ 2 ] Valider\n '
131         choice = input()
132         return choice
```

Elle reçoit simplement le nom du match, l'affiche et
demande si l'on veut changer. Nous avons vu son retour
plus haut.

Maintenant la fonction qui récupère tous les matches.
Même si pour la compréhension il vaut mieux voir la suite,
mais du point de vue du code c'est dans cette ordre que
c'est affiché :

```
135     def Recup_Tous_Les_Matches():
136         """
137         Recupere tous les Matches depuis les
138         fichiers binaires
139         :return: Les Matches (type Match)
140         """
141         les_matches = []
142         for fichier in glob.glob('Match0*'):
143             with open(fichier, 'rb') as fichier:
144                 data = pickle.Unpickler(fichier)
145                 match = data.load()
146                 les_matches.append(match)
147         return les_matches
148
```

Je crée une liste qui contiendra tous les matches.

On utilise le module glob pour récupérer tous les fichiers qui commencent par 'Match0' puis dans une boucle for, elle les lit un par un (en mode lecture binaire).

Je récupère le contenu avec Pickle sous forme d'objet de la classe Match que je stocke dans une liste avec tous les autres matches.

Je retourne la liste qui contient les matches à la fin de la boucle.

```python
150    # Commencer par un menu qui demande quoi faire
151    def MainMenu():
152        """
153        Fonction du Menu principal qui boucle tant que ça
154        n'est pas finir et qu'il y a des Matches à ajouter
155        :return: None
156        """
157        print("Que voulez-vous faire :\n")
158        print("[ 1 ] Paramétrer un Match \n")
159        print("[ 2 ] Calculer toutes les combinaisons \n")
160
161        choix_menu = input()
162        if choix_menu == str(1):
163            # Si choix == parametrer un Match:
164            # Demander l'index du Match et ouvrir
165            # la fonction SetMatch en lui envoyant l'index
166            print("Quel est le numéro du match : \n ")
167            print("[ 1 ] C'est le premier \n ")
168            print("[ 2 ] C'est le deuxième \n ")
169            print("[ 3 ] Le Troisième : ATTENTION !!!")
170            print("Ca fait beaucoup de tickets à remplir \n
171            match_index = input()
172            if 0 < int(match_index) < 5:
173                SetMatch(match_index)
174                # Afficher le Menu en cas de retour et jusq
175                # ce que l'utilisateur demande de sortir
176                MainMenu()
```

Nous voilà sur la fonction principale du programme. Elle nous demande ce que nous voulons faire. Paramétrer un match ou calculer toutes les combinaisons.

Si nous choisissons de paramétrer un match elle nous demande si c'est le premier , le deuxième, le troisième. Ce qui permettra de définir son index pour la fonction SetMatch.

Puis elle boucle dessus jusqu'à ce que l'on veuille calculer les combinaisons.

La suite de la fonction est sur la capture suivante. Pour comprendre comment l'aligner : référez-vous au if de la ligne 172.

La capture suivante commence sur le elif suivant :

```python
elif choix_menu == str(2):
    liste_de_matches = Recup_Tous_Les_Matches()
    [print(x) for x in liste_de_matches]
    produit_cart = cartesian_product_of_matches(*[x.scores for x in liste_de_matches]

    for i, combi in enumerate(produit_cart):
        print(20 * '*')
        ticket = Combinaison(i + 1, "")
        for n, score in enumerate(combi):
            end = '\n'
            if n == 1:
                end = ''
            ticket.affichage += str(score) + end
        print(ticket)
```

Ici c'est si nous choisissons de calculer les combinaisons dans le menu principal. Tous les matches sont récupérés grace à la fonction Recup_Tous_Les_Matches (vu plus haut) et stockés dans une liste.

Cette liste contient des objets de la classe Match, j'envoie donc les listes de scores dans ma fonction qui calcule les produits cartésiens (4ème ligne sur la capture).

Puis je fais une boucle sur toutes les combinaisons que cela a générée et je crée des objets de la classe Combinaison sur chaque élément de cette liste.

Sur la capture suivante, la seule chose nouvelle est la ligne 193 qui lance la fonction principale mais je vous ai mis une partie du code précédent pour que vous puissiez vous repérer.

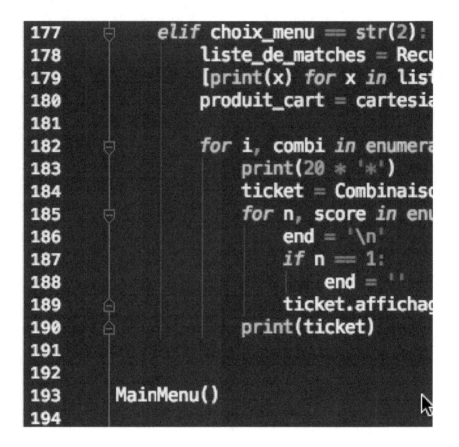

```
177         elif choix_menu == str(2):
178             liste_de_matches = Rect
179             [print(x) for x in list
180             produit_cart = cartesia
181
182             for i, combi in enumera
183                 print(20 * '*')
184                 ticket = Combinaiso
185                 for n, score in enu
186                     end = '\n'
187                     if n == 1:
188                         end = ''
189                     ticket.affichaç
190                 print(ticket)
191
192
193     MainMenu()
194
```

On lance la fonction principale (et le programme du coup) à la ligne 193 avec la fonction MainMenu.

Passons au test :

```
Que voulez-vous faire :

[ 1 ] Paramétrer un Match

[ 2 ] Calculer toutes les combinaisons
```

On commence par choisir 1 et ensuite :

```
Que voulez-vous faire :

[ 1 ] Paramétrer un Match

[ 2 ] Calculer toutes les combinaisons

1
Quel est le numéro du match :

[ 1 ] C'est le premier

[ 2 ] C'est le deuxième

[ 3 ] Le Troisième : ATTENTION !!!
Ca fait beaucoup de tickets à remplir
```

On nous demande l'index du match. C'est le premier, on tape 1. Puis :

```
Que voulez-vous faire :

[ 1 ] Paramétrer un Match

[ 2 ] Calculer toutes les combinaisons

1
Quel est le numéro du match :

[ 1 ] C'est le premier

[ 2 ] C'est le deuxième

[ 3 ] Le Troisième : ATTENTION !!!
Ca fait beaucoup de tickets à remplir

1
Entrez le texte pour indentifier le Match :

Ex : "OM-PSG (Score Mi-Temps)"
```

On nous demande d'entrer le nom du match :

```
Entrez le texte pour indentifier le Match :

Ex : "OM-PSG (Score Mi-Temps)"

OM-PSG
Vous avez choisi :

OM-PSG

[ 1 ] Choisir un autre
[ 2 ] Valider
```

On nous demande de confirmer ou recommencer. On
confirme. Ensuite :

```
Entrez le texte pour indentifier le Match :

Ex : "OM-PSG (Score Mi-Temps)"

OM-PSG
Vous avez choisi :

OM-PSG

[ 1 ] Choisir un autre
[ 2 ] Valider

2
[ 1 ] Ajouter un Score / Côte
[ 2 ] Retour au Menu principal
```

On peut soit ajouter un score soit revenir au menu
principal :

```
Entrez le Score séparé par un tiret (-)

Ex : 2-1

1-2
Vous avez choisi :
 1-2
[ 1 ] Recommencer
[ 2 ] Valider
```

Je choisis un score, on me demande de recommencer ou de
valider. Je valide et rentre un nouveau score pour ce match
puis je paramètre un nouveau match :

```
Quel est le numéro du match :

[ 1 ] C'est le premier

[ 2 ] C'est le deuxième

[ 3 ] Le Troisième : ATTENTION !!!
Ca fait beaucoup de tickets à remplir

2
Entrez le texte pour indentifier le Match :

Ex : "OM-PSG (Score Mi-Temps)"

OL-Monaco
Vous avez choisi :                        I

OL-Monaco

[ 1 ] Choisir un autre
[ 2 ] Valider
```

Index 2 nom : OL-Monaco :

```
2
[ 1 ] Ajouter un Score / Côte
[ 2 ] Retour au Menu principal
1
Entrez le Score séparé par un tiret (-)

Ex : 2-1

1-3
Vous avez choisi :
 1-3
[ 1 ] Recommencer
[ 2 ] Valider
2
[ 1 ] Ajouter un Score / Côte
[ 2 ] Retour au Menu principal
1
Entrez le Score séparé par un tiret (-)

Ex : 2-1

0-4
Vous avez choisi :
 0-4
[ 1 ] Recommencer
[ 2 ] Valider
2
```

Je rentre quelques scores pour ce match : 1-3 / 0-4 / 2-2 :

```
[ 1 ] Ajouter un Score / Côte
[ 2 ] Retour au Menu principal
2
Que voulez-vous faire :

[ 1 ] Paramétrer un Match

[ 2 ] Calculer toutes les combinaisons

2
```

Je valide et demande à calculer toutes les combinaisons :

```
OL-Monaco :
1-3 / 0-4 / 2-2
OM-PSG :
1-2 / 2-3
```

La liste des mes scores s'affiche. Et enfin les combinaisons : (voir page suivante). Voilà ce gros chapitre TP est à présent terminé, vous pouvez bien sur améliorer le programme.

Il y avait (comme toujours en programmation) plusieurs façons de faire et je ne dis pas que ma façon à moi est la meilleure, je voulais juste mettre en pratique ce que je vous ai appris dans ce livre.

Pour ceux qui auraient la flemme de recopier le code, sachez que je l'ai mis sur mon GitHub, il vous suffira d'y aller et de faire un copié/coller.

Voici l'adresse :
https://github.com/JulienFAUJA/FaujaCombiFoot

```
Ticket N°1
OL-Monaco :
1-3
OM-PSG :
1-2
*************************
Ticket N°2
OL-Monaco :
1-3
OM-PSG :
2-3
*************************
Ticket N°3
OL-Monaco :
0-4
OM-PSG :
1-2
*************************
Ticket N°4
OL-Monaco :
0-4
OM-PSG :
2-3
*************************
Ticket N°5
OL-Monaco :
2-2
OM-PSG :
1-2
*************************
Ticket N°6
OL-Monaco :
2-2
OM-PSG :
```

Conclusion

Ce livre est à présent terminé, j'espère qu'il vous aura plu et apporté beaucoup.

Faisons le point :

Les décorateurs devraient devenir une habitude avec de l'entrainement.

Pour ce qui est des builtins et particulièrement les méthodes magiques, vous avez vu qu'elles peuvent être très pratique. Pouvoir définir une addition sur une classe ou même créer un comportement quand on envoie notre propre objet dans la fonction round est très sympatique je trouve.

Pour ce qui est des opérations sur les bits vous devriez avoir un peu plus de mal à vous en habituer où même à en voir l'intérêt mais avec un peu de persévérence on arrive à tout.

J'espère aussi que l'écriture de fichiers en binaire vous fera comprendre comment optimiser vos programmes grace aux sauvegardes.

Ne faîtes pas de betises avec PyAutoGUI, car je ne serai en aucun cas responsable de la création d'un bot qui vous fera perdre le contrôle ;-) .

J'envisage dans le prochain livre d'apprendre à créer un programme en Python qui rempli et valide automatiquement les tickets de paris sportifs avec des méthodes pour gagner que d'ailleurs j'enseigne dans mon 'Petit' livre intitulé :

« Gagner aux paris sportifs » inclus la méthode à 100% de réussite. Qui commence à très bien se vendre.

Livre qui devrait vous intéresser si vous souhaitez approfondir le TP sur les paris sportifs.

Si vous avez acheté ce livre sur Amazon, merci de me donner une note et un commentaire pour me permettre d'avancer.

Si vous avez la moindre question vous pouvez me contacter à :

julienfaujanet@gmail.com

Bibliographie

Du même auteur :

Manuel
indispensable
pour Unity :

Dans ce livre vous apprendrez de façon claire et précise comment créer des jeux vidéos avec le moteur de jeux : Unity. Même si vous n'avez aucu notion de programmation, elles vous seront apprises de façon simple.
L'auteur à sorti plusieurs jeux Smartphones grâce ce moteur de jeux et sur différentes plateformes : Windows Phone / Android / IOS. Mais vous pouv aussi créer vos jeux pour d'autres supports : Linu / Apple TV etc....

L'adultère, les ex, les virus, comment les démasquer :

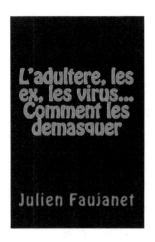

Dans ce livre vous allez apprendre les bases pour démasquer un adultère ou un conjoint menteur d'un point de vue informatique ou tout simplement comment vous cacher d'une personne un peu trop curieuse.

Bien commencer avec Python 3 :

Dans ce livre vous apprendrez les bases du langage de programmation Python dans sa version 3. Si vous voulez apprendre les bases (ainsi que quelque astuces) ce livre est celui qu'il vous faut Vous apprendrez ce qu'il faut savoir de façon claire et rapide.

Python 3, niveau intermédiaire :

Dans ce livre vous passerez au niveau supérieur si vous avez les bases en Python, vous apprendrez comment créer des logiciels de manipulations d'images avec Tkinter et la librairie Pil (Pillow)

Python 3, niveau avancé :

Dans ce livre, vous monterez encore d'un cran et le thème principal du livre est d'apprendre à dissimuler des données dans une image (ce domaine se nomme : sténographie). Ne faîtes pas l'erreur de croire que c'est quelque chose de compliqué... Pas avec ce livre.

Python 3, de débutant à avancé :

Ce livre est le regroupement des trois précédents livres en un seul volume. Mais cela fait de lui un des livres les plus achetés sur le langage Python. Trois livres pour le prix d'un, c'est le livre qu'il vous faut.

Vous voulez créer des jeux vidéos simples avec le langage de programmation Python, mais vous ne voulez pas apprendre une technologie compliqué et vous souhaitez que votre apprentissage soit assez rapide ? Ce livre vous apportera les bases qu'il vous faut.

Automatisation avec Python :

Vous voulez apprendre comment faire exécuter des taches à votre ordinateur grâce au langage de programmation Python ? Vous voulez créer un système qui clique automatiquement ou qui se connecte à un site ? Vous voulez créer un « bot » ? Vous êtes devant le bon livre.

Créez des logiciels facilement avec Visual Studio :

Vous voulez apprendre à créer des logiciels Windows de la façon la plus simple et la plus rapide possible ? C'est le bon livre. Vous pensez que quand vous lisez un livre c'est toujours plus dur que ce que vous avait annoncé le titre ? Sachez que ce livre est à la porté d'un enfant de 11 / 12 ans. Si vous pensez toujours que ce livre peut être compliqué : Pensez-vous que ce soit compliqué de sélectionner des éléments dans une colonne pour les faire glisser avec la souris là ou vous voulez qu'ils apparaissent dans votre logiciel ? Parce que c'est comme ça que vous allez créer votre premier logiciel.

Les Contrôles Windows Form :

Ce livre regroupe des astuces et explications pour le livre précédent. Si vous débutez avec la création en Visual studio, ce livre vous sera très utile. En fait ce livre n'est qu'un (gros) plus pour les débutants et intermédiaires. Il explique comment utiliser certains éléments et fait gagner beaucoup de temps au lecteur.

L' API Twitter en Python tome 1 :

Ce livre vous permettra de manipuler Twitter en Python. Pour automatiser toutes les taches que vous désirez comme : écrire des tweets, retweeter automatiquement, faire des recherches d'utilisateurs. Vous voulez un « bot » pour Twitter ? Lisez ce livre.

Astuces en Swift:

Dans ce livre vous verrez : Comment récupérer une photo dans la galerie de l'appareil depuis mon code ? Comment poster facilement sur les réseaux sociaux sans importer de SDK ? Comment enregistrer une View sous forme d'UIImage ? Comment mettre en place un ScrollView facilement et rapidement (et en gérant le Zoom) ? Comment modifier le code d'une classe quand je ne peux pas accéder à son code source ? Comment gérer le style pour Arrondir les images, créer un dégradé, une ombre, une animation ? Toutes ces réponses sont dans ce livre et en Français.

Gagner aux paris sportifs:

Inclus la méthode
à 100% de réussite

Julien Faujanet

Dans ce livre vous verrez :
Comment gagner aux paris sportifs
avec trois méthodes (dont une
avec 100% de chances de
réussite). Ce livre est court, mais je
vous conseille de l'acheter si vous
êtes fan de paris sportifs.

www.ingramcontent.com/pod-product-compliance
Lightning Source LLC
LaVergne TN
LVHW022311060326
832902LV00020B/3403